DISSERTATION

SUR LE

DIVORCE

ET LA

SÉPARATION DE CORPS,

PAR

Louis-Alfred GIRAUD,

DOCTEUR EN DROIT, ÉLÈVE DE L'ÉCOLE DES CHARTES.

PARIS.

IMPRIMERIE DE MOQUET,

RUE DE LA HARPE, 92.

1852

DU DIVORCE

ET

DE LA SÉPARATION DE CORPS.

Conservez toujours le même esprit, et
ne méprisez pas l'épouse de votre jeu-
nesse.   *Malachie*, ch. 2.

DU DIVORCE.

Depuis que l'homme a commencé à réfléchir sur lui-même et
sur sa destinée, deux écoles philosophiques se sont perpétuellement trouvées en présence. L'une, exclusivement préoccupée
du corps, n'étendant pas ses espérances au delà de ce monde,
a cherché avant tout à donner satisfaction aux sens ; l'autre, plus
pure et plus noble, a mis tous ses efforts à élever la nature humaine, en lui donnant le devoir pour principe et l'infini pour
horizon. Chacune de ces écoles a eu ses moments de grandeur
et de décadence, et l'humanité, sur la foi de certains sages, a
cru tour à tour à la force indomptable de la matière ou à la divine royauté de l'esprit. Le triomphe ou la défaite de l'un de
ces grands systèmes a fortement réagi sur les institutions des
peuples, et la philosophie, arborant l'une ou l'autre bannière, a
laissé son empreinte profondément gravée dans les lois. L'union
de l'homme et de la femme, d'où découle la famille, principe
et abrégé de la société, a donc, dans ce passage et dans ce choc

1

d'idées contradictoires, dû subir de successives et radicales trans-
formations.

Mon intention n'est pas de jeter un coup d'œil, même général,
sur les lois qui ont régi le mariage chez les différents peuples
de la terre. Ayant à parler du divorce et de la séparation des
corps, je ne mentionnerai que ce qui me semble indispensable
pour le développement et l'intelligence de mon sujet.

D'après la tradition mosaïque, quand Dieu eut créé l'homme
et mis en lui une âme vivante, il le plaça dans le paradis ter-
restre : puis, pendant son sommeil, il lui enleva une de ses côtes.
De cette côte, il fit la femme et il l'amena devant Adam qui s'é-
cria : Voilà les os de mes os et la chair de ma chair ! « C'est
pourquoi, dit l'écrivain sacré, l'homme abandonnera son père
et sa mère et s'attachera à son épouse, car ils sont deux dans
une chair (1). »

Voilà bien une doctrine éminemment spiritualiste. Monogamie d'une part, de l'autre, perpétuité du mariage. Dieu, au lieu
de former la femme du limon de la terre, l'a tirée de l'homme
même : symbole mystérieux et touchant de l'identification des
deux époux et de l'indissolubilité du lien conjugal.

Mais les juifs ne devaient pas long-temps obéir à cette loi révélée, et Moïse, à cause de la dureté de leur cœur et pour éviter
de plus grands maux, leur permit le divorce. La répudiation
même, simple effet de la volonté du mari, fut autorisée. « Si
un homme, dit le Deutéronome (2), ayant reçu une épouse, a
vécu avec elle, et que celle-ci n'ait pas trouvé grâce devant ses
yeux à cause de quelque défaut, il écrira le libelle du divorce
et la renverra de sa maison. Si une fois sortie, elle épouse un
autre homme, et que celui-ci lui donne aussi le libelle du divorce ou vienne à mourir, alors le premier mari ne pourra la
reprendre, parce qu'elle est devenue souillée et abominable
devant le Seigneur. » Le mariage était donc dissous, puisqu'il
était permis à la femme répudiée de contracter une nouvelle

(1) Genèse, ch. II, versets 21, 22, 23, 24.
(2) Deutéronome, ch. XXIV, versets 1, 2, 3, 4.

union. Il était même dissous par la simple volonté et le pur caprice du mari (1). Le divorce pour les causes les plus légères fut
pratiqué jusqu'au christianisme, qui vint inaugurer dans le
monde le règne du spiritualisme le plus pur. Jésus-Christ, dans
son discours sur la montagne, rapela le mariage à sa sévérité
primitive (2), et proclama adultères ceux qui, ayant renvoyé
leur femme, en épouseraient une autre. St-Paul, dans sa première épitre aux Corinthiens, a développé la même pensée (3),
et depuis lors, après quelques hésitations toutefois, l'Eglise a
considéré le mariage comme indissoluble.

Dans l'antiquité païenne, le divorce paraissait quelque chose
de très naturel. A Athênes, nous le trouvons établi par les lois de
Solon ; il existait tant au profit de l'homme qu'au profit de la
femme. Dans le premier cas, il s'appelait *renvoi* (ἀποπομπὴ); dans le
second, *délaissement* (ἀπόλειψις); seulement la femme qui voulait
divorcer devait aller elle-même présenter à l'archonte le libelle
de répudiation (4). Lycurgue n'avait pas besoin d'autoriser le divorce, puisque l'adultère était permis et même honoré à Sparte (5).
Les esprits spéculatifs de l'antiquité n'étaient pas plus avancés en
morale que les législateurs pratiques, et Platon, qui passe pour
un des chefs du spiritualisme grec, et même pour un des précur-
seurs du christianisme, n'avait pas sur le mariage des idées moins
étranges que ses contemporains. Il demande dans ses *Lois*, qu'on
fasse comparaître les époux devant une espèce de tribunal de conciliation composé des décemvirs, gardiens des lois, et de dix ma-
trones préposées au mariage. Si on peut concilier les deux époux,
qu'ils restent ensemble ; si on ne le peut, le divorce est pro-

(1) Propter aliquam fœditatem. Au dire des hébraïsants, le mot *aroult*,
traduit par fœditatem, veut dire défaut, et s'applique aussi bien au moral
qu'au physique.

(2) Quod Deus conjunxit, homo non separet. St-Mathieu, XIX, 7, St-
Marc, ch. X. St Luc, VI, 5, 18).

(3) Ch. VII, versets 10 et suivants.

(4) Plutarque, Vie d'Alcibiade. Samuel Petit, ad leges atticas, liv. VI,
t. III.

(5) Plutarque. Vie de Lycurgue.

noncé (1). Dans sa République, il va encore plus loin, et tout le monde sait qu'il n'y envisage l'union des sexes qu'au seul point de vue de la beauté corporelle (2).

Je dirai tout à l'heure à quel degré de dissolution et d'aberration en étaient venues à cet égard les mœurs et les lois romaines. Tant que durèrent les mariages par confarréation, c'est-à dire tant que l'élément religieux entra pour quelque chose dans l'union des époux, les divorces furent très rares; mais dès qu'on permit les mariages libres, les divorces corrompirent et ébranlèrent la société.

Avant de creuser plus profondément la matière du divorce, il est une question qu'il importe d'examiner. L'indissolubilité du mariage est-elle de droit naturel? abstraction faite de toute religion révélée où prétendue révélée, le droit naturel commande-t-il aux époux de rester toujours et irrévocablement unis?

Et d'abord je classerai les actes humains en quatre catégories : 1° ceux qui sont contraires au droit naturel; 2° ceux qui ne sont pas contraires au droit naturel; 3° ceux qui sont conformes au droit naturel; 4° ceux qui sont commandés par le droit naturel. Je laisse de côté la première catégorie, et je passe aux trois autres. Si, n'écoutant que ma fantaisie, je fais un voyage de long cours, sans utilité pour personne, pas même pour moi, je fais là un acte indifférent, et le droit naturel ne me défend pas de le faire. Si me promenant dans un endroit écarté, je rencontre un voyageur égaré, et que je fasse deux lieues pour le remettre en son chemin, j'accomplis un acte conforme au droit naturel, dont je pourrais me dispenser. Mais quand j'honore mon père et ma mère, quand je ne trahis pas le secret qui m'est confié, quand je respecte la propriété d'autrui, je ne fais que remplir une obligation qui m'est strictement imposée. Et bien, appliquons ces principes au divorce, évidemment l'indissolubilité du mariage n'est pas contraire au droit naturel ; évidemment encore elle est conforme au droit naturel ; mais est-elle imposée par le droit naturel comme

(1) Des lois, liv. XI.
(2) La République, livv.

l'obligation d'honorer son père et sa mère et de respecter la propriété d'autrui ? je crois pouvoir répondre négativement.

En effet, qu'est-ce que le mariage au point de vue purement naturel ? une simple convention par laquelle un homme et une femme, associent leurs joies et leurs peines, leurs richesses et leurs misères. Tant que les deux volontés s'entendent pour maintenir le contrat, tout va bien, le mariage subsiste, tant qu'un seul des contractants désire rompre le mariage, le contrat subsiste encore ; mais les deux époux étant las de vivre ensemble, je fais toujours abstraction du lien religieux et du lien civil, leurs deux volontés peuvent défaire ce que les deux volontés ont établi. Sans doute il est mieux de rester perpétuellement unis, de supporter réciproquement ses défauts et de veiller ensemble à l'éducation des enfants communs : aussi la religion et l'état feront bien de consacrer dans leurs lois l'indissolubilité du mariage ; mais je ne crois pas qu'on puisse considérer cette indissolubilité comme imposée par le droit naturel.

Cela est tellement vrai que l'indissolubilité de mariage ne date vraiment que du christianisme. Les sociétés antiques les plus civilisées ont constamment reconnu ce principe. La Genèse elle-même ne l'a pas présenté comme une obligation nécessaire, mais comme un état de perfection plus grand. La Grèce, éclairée par la philosophie de Socrate, n'y a même pas songé, et de nos jours quand une assemblée célèbre a enlevé au mariage son caractère religieux, une autre assemblée, l'année suivante, établit le divorce, même pour incompatibité d'humeur. Au conseil d'Etat, lors de la rédaction du code Napoléon, il y eut une lutte plutôt sourde qu'apparente entre les adversaires et les partisans du divorce. Malleville, Portalis et Tronchet, dont l'esprit répugnait à admettre la dissolubilité du mariage, cherchaient à restreindre autant que possible la faculté de divorcer, et les hommes de l'école opposée, à la tête de laquelle se trouvait le premier consul, leur répondaient : si vous ne voulez pas du divorce, dites-le franchement ; mais ne le rendez pas déshonorant, puisqu'il est le résultat nécessaire de la liberté des cultes (1). Les adversaires du di-

(1) Locré, Lég. civile de la France, t. v.

vorce courbèrent la tête, et le code Napoléon déclara que le mariage pouvait être dissous par le consentement mutuel.

Pendant tout l'empire le divorce fut permis. Les inconvénients
s'en firent bientôt sentir, inconvénients graves, qui ne tendaient
à rien moins qu'à détruire la famille et partant la société. Le
pouvoir réparateur de la restauration essaya de lutter contre
ce mal qui grandissait d'heure en heure. Un remède fut proposé,
remède faible et incomplet qui n'extirpait pas le mal dans sa
racine, mais qui permettait de gagner du temps. C'est dans ce
but que fut votée la loi du 8 mai 1816, loi qu'on pourrait qualifier d'irrationnelle, si les problèmes sociaux se résolvaient ma-
thématiquement.

Les législateurs d'alors ont bien senti le défaut de leur œuvre ;
mais ils ont craint de brusquer l'opinion en rétablissant de suite
le mariage religieux. Ils ont donc préféré une législation illogi-
que à une législation funeste, et ils n'ont pas hésité à commettre
une inconséquence ; heureuse inconséquence qui permet à la
société de ne pas périr.

DROIT ROMAIN.

1. Le divorce a toujours été chez les Romains un moyen de
dissoudre le mariage légitimement contracté. Seulement la faci-
lité de rompre le lien conjugal n'a pas été la même à toutes les
époques de leur histoire. Leur législation à cet égard, d'abord
sévère et même brutale, singulièrement relâchée à la fin de la
république et au commencement de l'empire, revint à des idées
meilleures sous le règne des empereurs chrétiens. La doctrine
évangélique, après avoir lutté pendant plusieurs siècles contre
le déchaînement des passions humaines, ne renversa pas brus-
quement le vieux monument juridique, mais s'infiltra peu à peu
dans les lois. C'est aux principes contenus dans la morale du
Christ et de ses Apôtres qu'on doit les modifications apportées

par Constantin et ses successeurs, au droit qui régissait le divorce.

2. Quoique la critique de ces dernières années ait singulièrement diminué la foi que nous accordions aux historiens de la vieille Rome, et jeté plus d'un doute sur l'existence réelle de certains personnages des temps héroïques, on me permettra de dire un mot des lois que Plutarque (1) et Denys d'Halicarnasse (2) attribuent à Romulus. Suivant ces deux écrivains, Romulus n'aurait admis le divorce que pour certaines causes déterminées, et encore n'était-ce pas, à proprement parler, le divorce : mais ce que nous appelons la répudiation. Il était permis au mari de renvoyer sa femme pour cause d'adultère, d'ivresse, d'empoisonnement et de falsification de clefs. Si en dehors de ces cas, le mari renvoyait sa femme, la moitié de ses biens propres revenait à la femme divorcée, et l'autre moitié était consacrée à Cérès. On sera peut-être surpris de trouver l'ivrognerie rangée parmi les causes de répudiation : « Mais, dit Denys d'Halicarnasse, si la violence dérive de l'adultère, l'adultère dérive de l'ivrognerie, et pendant longtemps l'équité des lois approuva la haine qu'on portait à ce vice (3). » La femme, on le comprendra facilement, souffrait bien la répudiation, mais ne pouvait en user ; elle était la chose, et, pour ainsi dire, la propriété conquise de son mari (4) : elle avait des devoirs ; elle ne pouvait encore avoir des droits.

La loi des douze tables rédigée sous l'influence grecque, admit le divorce, *bona gratia*, par consentement mutuel. Cependant suivant Aulugelle, le mariage du flamine de Jupiter ne

(1) Vie de Romulus, XI.

(2-3) Denys d'Halicarnasse, ant. romaines, liv. II.

(4) Plutarque, Vie de Romulus, VIII, et Questions romaines, XXIX. Quand une femme se mariait, elle ne devait pas paraître franchir volontairement le seuil du mari : on l'enlevait, et on le lui faisait gravir comme de force. Cette cérémonie et le chant de Talassius avaient été institués en souvenir de l'enlèvement des Sabines, ou, tout au moins, pour rappeler que le mari avait sur sa femme un pouvoir despotique.

pouvait être dissous que par la mort. En dehors de ce cas, le divorce était un contrat qui s'effectuait avec les mêmes formalités que le mariage. Si la femme était *in manu mariti*, il fallait que le pouvoir marital fût dissous par des cérémonies qui étaient la contre-partie de la confarréation, de la coemption et de l'*usus*. Si les époux étaient mariés sous le rit aristocratique et sacerdotal de la confarréation, ainsi nommé du gâteau de farine qui symbolisait l'union des époux, et lui donnait un caractère religieux, la diffarréation était nécessaire (1). La femme était-elle tombée *in manu* au moyen de la coemption, le divorce devait être précédé d'une revente (remancipatio) faite par celui qui avait la *manus*; il y avait une grande différence en une nouvelle coemption et la remancipation : une nouvelle coemption laissait au mari la faculté de reprendre sa femme, tandis que la rémancipation brisait à jamais le lien conjugal. Caton d'Utique, au dire de Plutarque, après avoir vendu sa femme à Hortensius, la reprit après la mort de son ami (2); il avait usé de la coemption, non de la remancipation, et il n'y avait pas eu dissolution du mariage. Quand la femme était tombée *in manu* par une espèce de prescription (*usus*), il suffisait à la femme de découcher pendant trois nuits pour faire cesser la puissance maritale: la logique exigeait donc que dans ce cas, le divorce fût précédé de l'usurpation des trois nuits (3). Dans ces trois cas, la femme devait rentrer sous la puissance de son père. Si la femme n'était pas *in manu*, le père pouvait, même malgré elle, envoyer le libelle du divorce (4).

Quoique le divorce fût permis par les lois de Romulus, Rome

---

(1) Festus au mot *diffarreatio*. Le gâteau de farine intervenait aussi dans la *diffarreatio*. La confarreatio devait intervenir au mariage des Flamines. Domitien fut le premier qui leur permit de divorcer. Plutarque, Questions romaines, L.

(2) Plutarque, Vie de Caton d'Utique, XV.

(3) Gaius, Instituts, §§ 111.

(4) Plaute, *Mercator*, acte IV.

si l'on en croit les historiens, fut long-temps sans en user. Le premier qui osa répudier sa femme fut un certain Carvilius Ruga, qui a fort occupé les érudits. Il répudia sa femme pour cause de stérilité en l'an 520 suivant Denys (1) et Valère Maxime (2), en l'an 523 selon Aulu-Gelle (3). Ce fait a appelé l'attention de Montesquieu (4),qui s'est étonné de ce que personne avant Carvilius Ruga, n'ait usé de la latitude qu'offraient les lois.Il y a en effet lieu d'être surpris, mais je crois que l'anecdote du Carvilius Ruga, répétée par des historiens qui se sont probablement copiés les uns les autres, ne doit pas avoir un caractère assez sérieux pour qu'on puisse bâtir là-dessus tout un système historique. Selon Valère Maxime(5), Sempronius Sophus, qui fut préteur en 470, répudia sa femme parce qu'elle avait été au spectacle à son insu. Par conséquent, il est probable que le divorce fut pratiqué à Rome avant la fin de la première guerre punique; mais il est bien certain qu'il fut à cette époque moins fréquent qu'il ne le fut depuis. Plus tard on divorça pour les motifs les plus ridicules. Sulpicius Gallus renvoya sa femme pour s'être montrée en public la tête découverte; Antistius Vetus, parce qu'elle avait parlé à une affranchie mal famée (6). Les plus grands hommes n'échappèrent pas à cette odieuse manie. Sylla, Pompée, Cicéron lui-même, Jules-César, et bien d'autres personnages, dont nous admirons naïvement les vertus, sacrifièrent ainsi leur devoir et leur affection à la volupté ou à l'avarice. L'empire rendit encore cette plaie plus effrayante; en vain Auguste voulut corriger les mœurs par les lois; ses lois insuffisantes et matérialistes punirent bien l'individu, mais ne le moralisèrent pas. On n'a qu'à lire Tacite, Suétone, Juvénal et Sénèque, — je ne parle que des auteurs païens — , et l'on verra dans quel état de dégradation et d'avilissement Rome était tombée.

(1) Liv. 2.
(2) Liv. II, ch. IV.
(3) Liv. IV, chap. III.
(4) Esprit des lois, liv. XVI, chap. XVI.
(5) Liv. VI, ch. III, § 12.
(6) Valère Maxime, liv. VI, ch. III, § 10 et suivants.

DROIT DES PANDECTES .

5. Avant d'étudier les modifications apportées au divorce par les empereurs chrétiens, je vais passer en revue le droit des jurisconsultes, dont les ouvrages tronqués et altérés par Tribonien, forment la compilation des Pandectes. Le mariage, dit le jurisconsulte Paul, est dissous *divortio*, *morte*, *captivitate*, *vel alia contingente servitute utrius eorum*. Laissons-là les trois dernières causes, et occupons-nous spécialement du divorce. Qu'est-ce que le divorce? Le divorce est la séparation légale des deux époux, faite en vue de dissoudre le mariage. Les Romains distinguaient entre le *divortium* et le *repudium*. Le *repudium* était le mot général : on pouvait répudier une fiancée comme une épouse, tandis que le divorce n'avait lieu qu'après mariage. (Liv. 4, tit. xvi, lois 101 et 191, *de verborum significatione*). On appelait aussi *repudium* l'acte même qui contenait le divorce.

6. *Forme du divorce.* — Nous avons vu qu'on exigeait autrefois pour la dissolution du mariage avec *manus* des formes solennelles, qui étaient la contrepartie de celles qui faisaient tomber la femme *in manu*. A l'époque des jurisconsultes classiques, toutes ces cérémonies étaient à peu près tombées en désuétude. Gaius dit que l'*usus* n'existait plus de son temps (1), et Paul parle de la *manus* comme étant tombée en désuétude. Il n'y avait, d'après la loi Julia, aucune formalité à remplir pour opérer le divorce; il suffisait de le vouloir. Cependant, le mari qui se proposait de répudier sa femme, avait coutume de lui enlever les clefs de la maison, et de l'en faire sortir après lui avoir enlevé sa dot (2). De même, la femme qui répudiait son mari lui rendait les clefs et sortait. Un époux absent pouvait répudier son conjoint. Cicéron avait répudié sa femme Térentia de cette manière;

(1) Instituts, § 111.
(2) Cicéron, Deuxième Philippique. St-Ambroise, epist. 65.

mais dans la suite la loi Julia prescrivit certaines formalités pour les divorces, et déclara nuls ceux qui auraient été faits sans les formalités. (Ulpien, Digest. xxxviii, t. xi, loi. 1). *Gaius ad legem Juliam de adult.* xlviii, t. v, loi. 43).

La loi Julia rendue sous Auguste, déclara que le divorce, comme les principaux actes de la vie civile, devrait s'accomplir en présence de sept témoins, sans compter l'affranchi qui portait le libelle du divorce (1). Juvénal, dans sa sixième satire, où il peint d'une manière si énergique les débordements des femmes romaines, met en scène un affranchi qui commande à la femme de son maître de faire ses paquets et de partir (2). On entendait par affranchi celui même qui avait été mis en liberté par le père, l'aïeul et le bisaïeul. Il était aussi d'usage de briser les tables dotales et d'insinuer le divorce sur les registres publics. (Suétone, Caligula. 36).

La formule dont on se servait dans le *divortium* était celle-ci : *res tuas tibi habeto, res tuas tibi agito.* Dans le *repudium*, entre fiancés la formule était : *Conditione tuâ non utor.* (Digeste de div. et rep., loi 2, § 1 et 2). Le divorce n'avait vraiment lieu que lorsqu'il était fait en vue d'une séparation perpétuelle. Ce qui était dit ou fait dans un premier mouvement de colère, n'était pas considéré comme sérieux, à moins que ce ne fût ratifié de sang-froid. Bien plus, si celui qui avait envoyé le libelle du divorce s'en repentait, et que, malgré cela, le libelle fût offert, le mariage n'en subsistait pas moins. Cependant, malgré le repentir de celui qui avait envoyé le libelle, celui qui l'avait reçu pouvait dissoudre le mariage, et dans ce cas, c'était en sa faveur que le divorce était prononcé. (Digeste, *de divortiis et repudiis*, lois 3 et 7).

7. Qui peut envoyer le libelle du divorce ? — Autrefois, la

(1) Paul, *ad legem Juliam de adulteris*, Digeste *de divort. et repudiis*, loi 9.

(2) « Collige sarcinulas, dicet libertus, et exi :
Jam gravis es nobis, et sæpe emungeris, exi
Ocyùs, et propera : sicco venit altera naso.

femme mariée sous le régime de la *manus* ne pouvait envoyer le *libellum repudii* (1). Quand la *manus* n'existait pas, il en était autrement. Dans ce cas là même, le père pouvait envoyer le libelle, à moins toutefois que sa fille ne fût émancipée. La mère ne le pouvait, n'ayant pas la puissance paternelle. Le père avait même le droit d'envoyer le *repudium* en l'absence de ses enfants, et malgré eux. Suétone cite à cet égard l'exemple de Julie (2), femme de Tibère, à qui Auguste envoya le *repudium* pour sa fille. Dans ce cas, Auguste avait au moins pour excuse les débordements de Julie, qui avaient rempli Rome de scandale. Mais le père avait même le droit de séparer deux époux bien unis (3). Cette force de la puissance paternelle dura jusqu'à Antonin le Pieux. Suivant Paul (4), cet empereur défendit aux pères de désunir deux époux qui faisaient bon ménage. Les mœurs luttèrent aussi contre le vieux droit, et favorisèrent une réformation si nécessaire. Marc-Aurèle acheva l'œuvre d'Antonin. Dioclétien et Maximien consacrèrent cette legislation par un rescrit, en disant que la volonté du père de famille ne pouvait séparer deux époux sans juste cause (Code *de repudiis*, titre XVII , Const. 3).

8. Le divorce s'opérait *bona gratia*. (Dig., *de don. int. vir. et ux.*, loi 62). Mais il pouvait aussi avoir lieu sans le consentement de l'époux répudié: de là, la question s'est élevée de savoir si une femme folle peut répudier et être répudiée. On décida qu'elle serait assimilée à celle qui était répudiée sans le savoir. Mais elle ne pouvait répudier elle-même, ni par l'entremise de son curateur. Son père avait pourtant le droit de faire dissoudre le mariage. Ce qui prouve que le mariage n'était pas dissous de plein droit par la folie. (Julien cité par Ulpien, *de divortiis*, loi 4, et Ulpien *de soluto matrimonio*, loi 22, § 7 et 9).

----

(1) Plaute, *Mercator.*, act. IV, sc. VI.
(2) Suétone, Vie de Tibère, XI.
(3) Apulée, Apologie, p. 308. Gérard Noodt, Commentaires.
(4) Paul, Sentences, liv. V, tit. VI, § 15.

9! Dans le cas où le divorce est envoyé à l'époux dément par l'autre conjoint, le divorce est censé avoir lieu par la faute de celui qui envoie le *libellum repudii*, à moins pourtant que la folie ne soit tout-à-fait insupportable. « On regarde comme certain, disait Ulpien, que l'époux dément ne peut envoyer le libelle du divorce, parcequ'il ne sait ce qu'il fait ; mais si sa folie a des intervalles lucides ou même quand elle serait perpétuelle, si elle est supportable, le mariage ne sera pas dissous. « Si la folie était insupportable, et qu'on n'en espérât pas la guérison, l'autre époux avait le droit, à raison du danger qu'il pouvait courir, ou si encore il n'avait pas d'enfants, d'envoyer le libelle de la répudiation. Dans ce cas, le mariage n'était pas dissous par sa faute, et aucun des époux n'encourait la peine de la loi Julia (Ulpien, *lo*. *cit*).

10. L'affranchie qui avait épousé son patron ne pouvait le répudier malgré lui; tant que son patron le voulait, elle devait rester son épouse. C'est ce que confirme Ulpien à la loi 45 de *ritu Nuptiarum*, passage tiré de ses commentaires sur les lois Julia et Papia. La loi Julia *de marit. ord.* maintenait l'affranchie en mariage et l'empêchait de convoler en secondes noces sans le consentement du patron. La loi 10 *de divortiis* faisait toutefois une exception pour celle qui était affranchie pour cause de fidéicommis, et cela se comprend; car il y a une grande différence entre celui qui donne gratuitement la liberté et celui qui agit dans un but purement intéressé.

11. La prohibition de la loi Julia était ainsi conçue : *divortii faciendi potestas libertæ quæ nupta est patrono ne esto.* Cependant cela n'empêchait pas l'affranchie de divorcer. Seulement elle n'avait pas le droit d'exercer l'action de dot; elle n'avait pas non plus le droit de se remarier à un autre sans la volonté du patron. Quelque fût le rang de celui qu'elle épousait malgré le patron, elle n'était que *concubina* et non pas *uxor*. Julien disait même qu'elle ne pouvait être la concubine de personne tant que son patron la voulait garder comme épouse. Ulpien au *prœmium* de la loi de *concubinis* soutient une doctrine contraire; il lui permet d'être la concubine d'un autre: il lui enlève seulement le *con-*

nubium. La loi 11, § 1er, ajoute : *quamdiu patronus eam uxorem esse volet.* Par conséquent, dès que le patron cesse de la vouloir pour épouse , elle n'est plus soumise à cette loi. Peu importe de quelle manière le patron manifeste sa volonté ; il faut seulement qu'il soit toujours patron, car il perd ses droits, dès qu'il cesse de l'être. (*De div. et repud.*, Digeste, loi 11).

12. Lorsque le patron intente, contre son affranchie qui a divorcé malgré lui l'action des choses enlevées, *actio rerum amotarum*, Alexandre-Sévère et son père ont décidé qu'il manifestait ainsi l'intention de ne pas rester marié; car cette action ne peut venir qu'après divorce. De même s'il l'accusait d'adultère ou de tout autre crime dont personne ne doit accuser une épouse, on décidait aussi qu'il ne voulait pas maintenir le mariage. Dès que le patron manifestait d'une manière quelconque la volonté de ne pas conserver son affranchie pour épouse, on décidait que dès lors elle regagnait le connubium avec un autre. On peut ajouter encore que, si le patron se mariait ou se fiançait avec une autre femme, ou s'il prenait une concubine, la même doctrine devait être adoptée.

13. La fille émancipée qui divorçait pour procurer à son mari le lucre de sa dot, trompait ainsi son père qui aurait pu redemander la dot profectice, si elle était morte pendant le mariage. Pour que le père ne fût pas victime de cette fraude, on lui accordait l'action de dot, comme si la fille était morte *constante matrimonio* (*de divortiis*, loi 5.)

14. Peine du divorce. — La loi *Julia de maritandis ordinibus* n'imposait pas seulement des formalités gênantes à ceux qui voulaient divorcer ; mais encore elle leur appliquait des peines sévères. Si le divorce avait lieu par la faute de la femme, au nom de chaque enfant qui existait, le mari retenait un sixième de la dot, de manière cependant à ce que cette retenue n'excédât pas la moitié de la dot. La dot était toute entière redemandée, si le divorce avait eu lieu sans la faute de la femme. Lorsque c'était par la faute du mari que le divorce arrivait, alors il n'y avait pas lieu à la *retentio propter liberos.* Cela vient sans doute de ce qu'à raison de la puissance paternelle les enfants étaient confiés au père

même coupable. Ce ne fut que plus tard que la garde des enfants fut remise à l'époux non coupable. (Loi unique au code. *Divortio facto*. Fragments d'Ulpien. I. 6. § 9.

15. Outre la *retentio propter liberos*, qui s'opérait dans le but de subvenir à l'entretien et à l'éducation des enfants communs, la femme était directement frappée dans ses biens quand elle donnait lieu au divorce par ses mauvaises mœurs. Avait-elle commis des fautes graves, comme l'adultère, elle était privée du sixième de sa dot; n'avait-elle commis que des fautes légères, alors elle ne supportait que la perte d'un huitième. Cette disposition qui se trouve rapportée par Ulpien, dans ses Fragments, titre 6, § 9 et suivants, punissait aussi les mauvaises mœurs du mari, mais d'une autre manière. Si la dot était composée de ces choses que le mari pouvait restituer par tiers en trois ans, il perdait le bénéfice de ce terme. En cas d'inconduite grave, il devait rendre la dot à l'instant même, et, en cas d'inconduite légère, il devait la restituer par tiers de six mois en six mois. Quant à la dot qui devait être restituée immédiatement, le mari devait rendre sur les fruits une quantité correspondant au temps dont la restitution était avancée pour la dot qui devait être remboursée *annua, bima, trima die.*

16. Voilà donc deux peines qui marchaient, pour ainsi dire, de front, et qui avaient pour but de frapper les époux qui divorçaient injustement. Mais à quoi bon, dira-t-on, tout ce luxe de pénalités? Les deux rétentions *ob liberos* et *ob mores* ne faisaient-elles pas double emploi?

La plus avantageuse de ces peines était pour le mari la rétention *propter liberos*; elle donnait droit à un sixième et quelquefois à la moitié de la dot; mais elle ne pouvait, comme son nom l'indique, avoir lieu que dans le cas où il y avait des enfants. De plus, la rétention devait avoir lieu lors de la restitution de la dot, car, dit Ulpien : *Sextæ in retentione sunt, non in petitione.* Pour savoir s'il y avait lieu à la rétention *propter liberos*, il fallait examiner de quel côté était la faute qui avait occasionné la répudiation; s'il n'y avait rien à reprocher à la conduite des deux époux, celui-là était en faute qui avait envoyé le libelle du divorce sans motif. La faute était-elle du côté de la femme, il y avait lieu à la rétention ; était-elle du côté du mari, pas de rétention. Il n'y avait pas lieu à la rétention dans le divorce *bona gratia*, à moins qu'on n'en fût convenu à l'avance par un pacte. (*Fragmenta Vaticana*, § 106). En effet, dans le divorce *bona gratia*, il n'y avait de faute ni de la femme ni du mari, et il n'y avait pas lieu à la rétention légale. Il ne peut être question dans le texte que nous venons de citer, que d'une rétention conventionnelle.

La rétention *ob mores* avait lieu quand la mauvaise conduite de l'un des époux avait occasionné le divorce. Il y avait les *majores mores* (inconduite grave) et les *minores mores* (inconduite légère). La peine, comme nous l'avons vu, variait suivant le degré de culpabilité de l'époux. La rétention *propter mores* avait sa raison d'être quand il n'y avait pas d'enfants, ou quand la rétention ayant été omise lors de la restitution, le mari agissait directement par l'action *de moribus*. Pour que cette action pût avoir lieu, il fallait qu'il y eût eu inconduite de la part de l'un des conjoints, ce qui n'était pas nécessaire dans la rétention *propter liberos*.

Nous croyons avec Hugo, Hasse et Gluck, que ces deux rétentions ne pouvaient être cumulées, mais qu'elles se suppléaient l'une l'autre.

DROIT DU CODE ET DES CONSTITUTIONS IMPERIALES.

17. En vain Auguste et ses successeurs avaient essayé de donner plus de force au lien conjugal : ses désordres et ceux des autres Césars avaient d'avance détruit l'effet qu'auraient pu produire leurs lois sévères. L'empire, si l'on en excepte quelques règnes bienfaisants et glorieux, ne fut qu'une longue et sanglante orgie. Quelques empereurs essayèrent pourtant de lutter contre ce torrent de la débauche qui menaçait de tout envahir. Les Antonins marquèrent leur passage au pouvoir par des lois justes, et firent faire au monde une halte dans la paix et dans la vertu : mais ce ne

fut qu'un temps d'arrêt, et l'intervalle fut court de Domitien à Commode.

18. Adrien soumit à la peine de la rélégation pendant 3 ans, l'homme qui, ayant rencontré une femme dans son chemin, l'aurait emmenée dans sa maison, et de là aurait envoyé au mari le libelle du divorce (1). Antonin et Marc-Aurèle (2) défendirent au père de dissoudre le mariage de sa fille sans juste cause. Plus tard, Alexandre Sévère, ce philosophe couronné, qui sans le savoir, avait peut-être subi l'influence de l'esprit chrétien, décida que le mariage ne serait pas détruit par la déportation ou par l'interdiction de l'eau et du feu prononcée contre le mari, si la femme lui conservait son affection. Mais une difficulté se présentait : En droit strict, l'action de dot ne pouvait être intentée qu'à la dissolution du mariage. Alexandre, mû par un sentiment d'équité, et ne voulant pas que le fisc profitât de la malheureuse position de cette femme, lui permit d'intenter l'action de dot, comme si le mariage avait été dissous. (Code, *de repudiis*, constitution première).

19. Un rescrit des empereurs Dioclétien et Maximien pose en principe qu'un faux divorce n'empêche pas la réalisation d'un pacte fait en vue de la mort de l'un des époux. Si donc, quelqu'un avait doté une femme, et stipulé qu'à la mort de celle-ci, il pourrait répéter la dot, la femme ne pouvait frauduleusement faire rompre le mariage en simulant un divorce. Dans ce cas, il était permis au donateur de redemander les biens dotaux. Ces empereurs ont confirmé les lois d'Antonin et de Marc-Aurèle, et restreint le pouvoir du père à l'endroit de sa fille mariée. Ils ont aussi déclaré que le libelle du divorce non livré et non connu du mari, ne dissolvait pas le mariage. (Dioclétien et Maximien. Code *de repudiis*, const. III, IV, V et VI).

Mais le christianisme vint s'asseoir sur le trône, et la législation ressentit sa douce et salutaire influence. Constantin s'efforçant de faire accorder les lois avec les nouvelles croyances de l'em-

___

(1) Digeste, *de divortiis et repudiis*, loi 8.
(2) Code *de repudiis*, 5.

pire, n'abolit pas complétement le divorce, mais lui porta de terribles coups. Le divorce *boná gratiá*, qui était pratiqué à Rome depuis si long temps, disparut pour quelque temps. Il fut défendu à la femme de divorcer par pur caprice. Elle ne put pas même répudier un mari ivrogne, joueur ou adultère : il fallut pour qu'elle eût une cause légitime, que le mari fût auteur de maléfices, homicide ou violateur de tombeaux. Dans ce cas elle pouvait redemander sa dot tout entière. Si en dehors de ces trois causes, elle envoyait à son mari le libelle du divorce, elle devait être rasée jusqu'au sommet de la tête et déportée dans une île. Quant au mari, il pouvait répudier une épouse adultère, adonnée à la magie ou proxénète. S'il envoyait le libelle en dehors de ces trois cas, il restituait la dot, et ne pouvait se remarier. Si ces lois venaient à être enfreintes par le mari, la première épouse avait le droit de réclamer la dot de la seconde en réparation de l'injure qui lui avait été faite. (Code Théodosien, l. 3. 16. 1. Const. de Constantin).

21. Constantin décida également que la femme d'un soldat qui serait restée quatre ans sans recevoir des nouvelles de son mari pourrait convoler en secondes noces après avoir présenté le libelle du divorce au chef de son mari. Cette formalité remplie, elle se remariait sans être exposée à perdre sa dot et à subir la peine de l'adultère. (Code Justinien, VII. Const. de Constantin.)

22. Un rescrit d'Honorius, de Théodose et de Constant vint faire faire un pas rétrograde à la réforme morale et sévère inaugurée par Constantin. Il maintint l'abolition du divorce par consentement mutuel; mais il étendit les causes de répudiation. Suivant cette constitution, la femme qui revenait sur une demande de divorce, et qui n'avait plus aucun motif légal de répudiation, perdait la donation *ante nuptias*, était privée de sa dot, et de plus subissait la peine de la déportation. Non seulement il ne lui était pas permis de se remarier, mais le droit de postliminium lui était refusé. Si la femme était convaincue d'avoir eu des mœurs mauvaises ou simplement légères, elle perdait dot et donation, et un second mariage lui était interdit. Si, au contraire, c'était le le mari qui fût coupable, la femme se retirait avec la dot et la

donation anté-nuptiale, et après cinq ans, elle pouvait convoler dans les bras d'un autre époux. Alors elle était censée avoir agi plutôt par haine de son premier mari que par le désir d'en avoir un second. Si c'était du mari qu'émanât le libelle du divorce, et que la femme fût convaincue d'un crime grave, il retenait dot et donation, et pouvait se remarier tout de suite. Si la femme n'était convaincue que de fautes légères, il lui rendait sa dot et gardait la donation, et pouvait se remarier après deux ans. Si le mari préférait dissoudre le mariage par le seul consentement, et que la femme n'eût rien à se reprocher, le mari perdait la dot et la donation, et devait expier sa faute dans un célibat perpétuel. Quant à la femme, elle pouvait se remarier après un an. La *retentio propter liberos* devait avoir lieu comme dans l'ancien droit. (Code Théod. Const. , const. d'Honorius, de Théodose et de Constant.)

23. Les Romains, habitués à une grande liberté dans les mariages, trouvèrent trop dures les lois de Constantin et d'Honorius. Aussi Théodose le Jeune, en 439, après avoir glorifié l'idée de Constantin dans son code, lui porta pourtant un coup fatal : il rétablit le divorce *bonâ gratiâ*, par consentement mutuel, diminua les peines portées contre l'époux qui répudiait sans cause, et revint au vieux droit des prudents. Une femme put répudier son mari pour cause d'adultère, d'homicide, de magie, de conspiration, de faux, de violation de tombeaux, de sacrilège, de vol, de recel, d'enlèvement de troupeaux, de plagiat, d'entretien d'une concubine en présence de l'épouse, d'attentat sur sa personne ou même de sévices légalement constatés. Le mari put justement divorcer, si la femme était adultère, empoisonneuse, homicide, voleuse d'esclaves, ou violatrice de tombeaux; si elle allait malgré son mari, ou, à son insu dîner avec des hommes ; si elle couchait dehors sans motif plausible ; si elle allait au cirque ou au théâtre ou dans les arènes malgré son mari; si elle avait attenté à ses jours, conspiré contre l'empire, commis un faux ou porté sur son époux une main coupable. Si le mari et la femme n'observaient pas cette constitution, ils étaient punis conformément à la loi, la femme perdait la dot et la donation et n'avait plus

le pouvoir de se remarier même après cinq ans. Si elle se mariait malgré cette prohibition, elle était réputée infâme, et son union ne portait pas le nom de mariage. Si, au contraire, elle prouvait qu'elle avait agi avec juste cause, elle n'encourait aucune déchéance, et pouvait se marier au bout d'un an. Si le mari prouvait que la femme mettait en avant des causes non prévues par les lois, il retenait la dot et la donation, et pouvait à l'instant prendre une autre épouse. Si, au contraire, il avait voulu sans raison renoncer à sa femme, il était frappé des mêmes déchéances pécuniaires. L'un des époux était-il accusé du crime d'adultère ou de lèse-majesté, les esclaves pubères pouvaient être mis à la question; il en était de même si des sévices avaient été commis par un des époux envers l'autre. S'il y avait des fils ou des filles, la dot et la donation retenue par l'époux innocent leur était conservée après sa mort, seulement on permettait à l'époux qui profitait de cette déchéance de choisir entre les enfants celui auquel il voulait faire passer cet avantage. Défense était faite à l'époux d'aliéner ses biens, en cas d'inobservation de ces lois, les héritiers du sang ou leurs ayant cause pourraient revendiquer ces biens ; eût-on institué héritier le prince lui-même, toute disposition à l'égard de ces biens était nulle, à moins qu'elle ne s'adressât à un enfant des deux époux. Les pactes à ce contraires étaient de nul effet. (Code Just. VIII, const. de Théodose et de Valentinien).

24. Anastase, dans le cas de divorce par consentement mutuel, et s'il n'y avait dans le libelle aucune des causes mentionnées dans la constitution de Théodose et de Valentinien, permit à la femme de se remarier après deux ans. (Const. d'Anastase, IX. Code Just.)

25. Nous voici arrivés aux modifications apportées par Justinien au droit qui régissait le divorce. Moins hardi que Constantin dans sa tentative de réforme, il se montra pourtant plus sévère que Théodose le Jeune. Il abolit en principe le divorce *bona gratia*, et n'y admit que peu de restrictions. La novelle XXII pose 5 cas de divorce où aucune des parties n'encourt de peine. Ce sont ceux : 1o d'entrée dans un monastère; 2° d'impuissance; 3° de captivité; 4° de découverte de la condition servile de l'un des

époux; 5° enfin, de délaissement. La novelle CXVII réduisit ces cas à trois. Ce sont le cas d'entrée dans un monastère, d'impuissance et de captivité. Il n'y a, à proprement parler, que le cas d'entrée dans un monastère qui soit un cas de divorce par consentement mutuel. (Nov. CXVII. caput. X. § 1.) Dans ce cas, si les époux avaient des enfants, ils étaient forcés de leur conserver tant la dot que la donation nuptiale. Si un des époux, au lieu d'embrasser la vie monastique, se remariait ou vivait dans la débauche, les enfants n'en devaient pas moins jouir des avantages nuptiaux. Les enfants mineurs étaient confiés à l'époux non coupable. S'ils l'étaient tous deux, ils devaient être dépouillés de leurs biens au profit de leurs enfants, à qui un tuteur devait être nommé par l'autorité compétente. Si les deux époux n'avaient pas d'enfants, leurs biens étaient attribués au fisc, et ils étaient soumis aux peines édictées par les lois. (*Novella eadem; loc. cit.*)

Dans le cas d'impuissance du mari ou de captivité, la femme pouvait divorcer *sans peine*. Dans le cas de divorce causé par la faute de l'un des époux, il n'en était pas ainsi, comme nous allons le voir. Justinien admet la répudiation à peu près dans les mêmes cas que Théodose le Jeune. Le mari pouvait répudier sa femme pour cause de conspiration et d'adultère. Dans ce dernier cas, le mari devait auparavant accuser sa femme et son complice, et si l'accusation était prouvée, il devait alors envoyer le libelle du divorce. S'il n'y avait pas d'enfants issus du mariage, il acquérait, outre la donation nuptiale et la dot, une partie des biens de la femme égale au tiers de la dot; s'il existait des enfants, la dot et les autres biens de la femme leur étaient conservés. Si c'était le mari qui fût coupable d'adultère, la femme avait en usufruit la dot et la donation dont la nu-propriété appartenait aux enfants. Le reste des biens du mari était aussi attribué aux enfants par l'autorité impériale. S'il n'y avait pas d'enfants, la femme acquérait la propriété de la dot et de la donation, et le reste revenait au fisc. Dans le cas où la femme aurait attenté à la vie du mari, ou ne lui aurait pas dénoncé une tentative de meurtre; dans le cas où elle aurait été dîner ou se baigner avec

des hommes, le mari avait une cause légitime de divorce. Il en
était de même si la femme sortait, malgré son époux, de la maison
conjugale, à moins que ce ne fût pour aller chez ses propres parents, ou encore si la femme allait au théâtre malgré son mari
ou à son insu. Dans tous ces cas, le mari pouvait la répudier sans encourir aucune peine. (*Novella eadem*. Cap. VIII.)

De son côté, la femme pouvait répudier son mari pour conspiration ou complicité de sa part, pour attentat du mari sur elle-
même ou non dénonciation de celui-ci. Elle le pouvait encore
dans le cas d'embûches à elle tendues par son époux pour faire suc-
comber sa vertu, dans le cas d'accusation d'adultère non prouvée, dans le cas d'entretien d'une concubine dans la maison commune, ou même dans une autre maison. Si la femme envoyait
le libelle du divorce pour avoir été faussement accusée d'adultère, elle recevait en propriété la dot et la donation nuptiale,
et si elle n'avait pas d'enfants, une partie des biens du mari
équivalent au tiers de la donation nuptiale. Dans le cas où il y
aurait eu des enfants, les biens personnels du mari auraient été
attribués aux enfants, et on aurait observé les lois antérieures sur
les donations nuptiales. Le mari calomniateur était soumis aux
supplices qu'aurait subis la femme si elle avait été convaincue
d'adultère. Si le mari avait été convaincu d'avoir entretenu des
concubines, la femme avait droit aux mêmes avantages pécuniaires, dans le cas où il n'y avait pas d'enfants. Dans le cas contraire, elle n'avait que l'usufruit de la donation nuptiale et du
tiers équivalent. (Nov. ead. cap. IX.)

26. Constantin avait decidé que la femme d'un soldat restée 4 ans
sans recevoir de nouvelles de son mari pouvait se remarier; mais
Justinien entoura le mariage de formalités utiles. Il força la femme
d'aller trouver le teneur de livres de la légion où combattait son
mari, ou le tribun militaire, et de leur demander si son mari était
mort. Ceux-ci devaient prêter serment sur les saints évangiles et
montrer à la femme les registres des décès. Ces formalités accomplies, la femme pouvait se marier, après un an. (Nov. ead. cap. X.)

27. Si en dehors des causes ci-dessus mentionnées, la femme
envoyait le libelle du divorce, la dot était abandonnée au mari, sauf

à être conservée pour les enfants, et s'il n'y avait pas d'enfants, le mari profitait de cet avantage. La femme était livrée à l'évêque du lieu où demeuraient les époux pour être reléguée dans un monastère. Si la femme avait des enfants, les deux tiers de ses biens leur étaient remis en toute propriété ; l'autre tiers était attribué au monastère. Si la femme avait non des enfants, mais des ascendants, un tiers leur était laissé, et les deux autres tiers appartenaient au couvent qui devait désormais lui servir de refuge. Si la femme avait été sous la puissance d'ascendants, et qu'ils eussent consenti à un divorce injuste, ils étaient considérés comme ses complices. Ils perdaient leurs droits, et le monastère les excluait. Quant au mari, s'il répudiait sans raison, il devait rendre la dot et abandonner la donation nuptiale et le tiers y équivalent. S'il y avait des enfants, la femme n'avait que l'usufruit de la donation et du tiers équivalent : dans le cas contraire, elle avait la toute propriété. (Nov. ead. cap. XIII.)

Les novelles CXXXIV et CXL (1) confirment la novelle CXVII et la complètent en y ajoutant quelques dispositions nouvelles. Le notaire qui avait rédigé le libelle du divorce injuste subissait la peine de l'exil. Il était permis aux époux de revenir sur leurs pas et de se réconcilier avant d'entrer dans un monastère. Dans ce cas, on faisait grâce de la peine à l'époux coupable, et on lui remettait ses biens, comme si aucun délit n'eût été commis. Si l'un d'eux seulement voulait dissoudre le mariage, les peines n'atteignaient que lui seul. Cette constitution était remise par Justinien à la garde des officiers compétents, qui, en cas de négligence, subissaient la peine de l'exil et de la confiscation. Elle était aussi particulièrement recommandée aux évêques qui étaient chargés de faire entrer l'époux coupable dans un monastère. (Nov. CXXXXIV, cap. XI).

28. Justinien, qui avait dans le principe permis à la femme de répudier le mari impuissant après deux ans de mariage (code *de repudiis*, cap. X) augmenta d'une année le temps d'épreuve et ne permit le divorce qu'après trois ans, (*de nuptiis* nov. XXII, cap. 6).

(1) Celle-ci émane de Justin-le-Jeune.

29.C'était le consentement, l'affection des deux époux, et non la dot, qui faisait le mariage : aussi quand il n'y avait pas de dot, le mariage n'en avait pas moins de validité. Suivant le code Justinien, quand un mari envoyait sans raison le divorce à son épouse non dotée, il était forcé de lui donner le quart de ses biens. On établisait une espèce de proportion. Si le mari avait quatre cents livres d'or ou plus, la femme avait seulement droit à cent livress Si le mari avait moins de quatre cents livres, la femme avait toujours droit au quart de la fortune du mari, quelque minime qu'elle fût. De même si la femme répudiait 'son mari sans cause, elle subissait la même peine. S'il n'y avait pas d'enfants, l'époux non coupable acquérait la pleine propriété de cet avantage. S'il y avait des enfants ou descendants d'eux, il n'en avait que l'usufruit. Aux causes de divorce ci-dessus énoncées, Justinien ajoute au chap. XI du titre *de repudiis* : L'avortement volontaire de la femme, le fait d'aller se baigner avec des hommes et celui de rechercher un autre mariage pendant la durée du premier. Justinien abolit aussi l'action *de moribus*, devenue superflue, le divorce ne pouvant avoir lieu que pour cause déterminée , et de nouvelles peines étant établies. (Code *de repudiis*, chap. XI). Pour empêcher la fraude, Justinien exigea pour le divorce le consentement du père du fils de famille non émancipé. (Nov. XXII c. 191. Code *de repudiis* , cap. XII.)

30. Dans l'ancien droit, par suite de l'idée exagérée qu'on se faisait de la puissance paternelle, la femme n'avait jamais la garde des enfants : même en cas d'inconduite du père, les enfants n'en restaient pas moins sous sa tutelle. La loi unique, au Code, *divortio facto* (liv. V, titre XXIV), laisse à cet égard au juge un pouvoir discrétionnaire. La novelle CXVII modifia un peu ce droit, et décida que le père ayant donné ou occasionné le divorce, les enfants seraient nourris par la mère non remariée aux dépens du père. Si c'était la mère qui eût donné lieu au divorce, les enfants étaient nourris chez le père aux dépens de la mère, Dans le cas où le père était absolument dénué de ressources, la mère devait garder les enfants chez elle et les nourrir (Nov. CXVII, cap. VII).

31. Droit postérieur à la compilation justinienne. — Léon le Philosophe, fils de Basile le Macédonien, croyant que le *corpus juris* de Justinien ne suffisait pas à ses peuples, suivit l'exemple de son père, retoucha le manuel de jurisprudence intitulé Procheiron, fit la compilation des basiliques, et publia, en outre, cent treize novelles. La XXX* maintient les peines édictées par Justinien contre les femmes qui, du vivant de leur mari, en recherchaient un autre en mariage. La XXXI* donne au mari dont la femme est coupable d'avortement, le droit de la répudier ; et la XXXII* abroge en partie le chapitre 7 de la novelle XXII, en défendant à la femme d'un captif de se remarier, même après cinq ans, tant qu'elle était certaine de l'existence de son mari. La loi 16 au Digeste de *ritu nuptiarum* fut abrogée par la constitution CXII de Léon, qui permit au mari de répudier la femme pour cause de folie, et par la constitution CXXII, qui permit à la femme de divorcer à cause de la folie de son mari, mais seulement après cinq ans.

DROIT BARBARE.

32. Chez les Germains, la femme ne pouvait divorcer. Bien plus, après la mort de son époux, elle ne pouvait jamais songer à se remarier. « Les jeunes filles, dit Tacite, dans sa Germanie, (C. XVIII), ne reçoivent qu'un époux, comme elles n'ont qu'un corps et qu'une vie ; l'homme auquel elles s'unissent est le dernier terme de leurs pensées et de leurs désirs, et c'est le mariage plutôt que le mari qu'elles aiment en lui. » Il est moins explicite à l'égard du droit du divorce exercé par les hommes. Nous savons seulement que le principe de la monogamie était généralement accepté, et que certains chefs avaient plusieurs femmes ; mais par politique et par ostentation, non par libertinage.

Les lois barbares favorisaient plus le mari que la femme. Celles qui avaient ressenti plus directement l'influence romaine, établissaient une espèce d'égalité entre les époux ; mais les lois qui étaient plus complétement dégagées de l'élément romain, frappaient la femme d'une manière terrible.

33. Le bréviaire d'Alaric, recueil de lois rédigé à l'usage des sujets romains de ce prince, la vingtième année de son règne, ne fait que reproduire à cet égard les dispositions du Code théodosien.

34. La loi des Burgundes, titre XXXIV, condamne la femme qui répudiera son mari, à être tuée dans la boue. Quant au mari, par une disposition empruntée au code théodosien, il lui était permis de répudier sa femme pour maléfice, adultère et violation de tombeaux. Si le mari renvoyait sa femme sans motifs, il lui donnait l'équivalent de sa donation et douze sous à titre de peine. On voit l'indulgence de cette loi pour le mari, et de quelle manière elle punit la femme.

35. La loi des Bavarois s'exprimait ainsi : «Si un homme libre renvoie sans cause et par haine sa femme également libre, il donnera quarante-huit sous à ses parents, et rendra à la femme sa dot et tout ce qu'elle a apporté dans sa maison. » (Lex Bajuv. 7, 14,1 et 2).

36. La loi des Allemands admet le divorce par consentement mutuel, et édicte des peines contre le mari qui divorce sans cause (29 et 30).

La loi des Lombards décidait qu'un mari qui avait divorcé sans cause et qui s'était remarié, devait payer une composition de cinq cents sous, dont la moitié revenait au roi, et l'autre aux parents de la femme. Il perdait en outre son *mundium*. Si la femme ne voulait pas rentrer chez son mari, elle retournait chez ses parents avec tous ses biens et tous ses droits.

37. Les formules de Marculfe, de Bignon, de Sirmond et les formules d'Angers contiennent des libelles de divorce; nous en trouvons une dans Marculfe en forme de notice. L'édit de Théodoric, le Pappien et les Capitulaires parlent dans le même sens que le code théodosien.

38. Quoique le divorce fût alors permis par les lois séculières, et qu'après avoir accompli les formalités voulues, chacune des par-

ties pùt, dans le for extérieur, se remarier du vivant de l'autre, l'Église n'en considérait pas moins le divorce comme défendu par l'Evangile. En conséquence, elle regardait comme un adultère, et non comme un mariage, l'union que l'un des conjoints contractait après le divorce; elle retranchait de sa communion, ceux qui enfreignaient à cet égard ses commandements, elle regardait même comme coupable devant Dieu le conjoint qui avait provoqué le divorce, et ainsi donné sa raison d'être à l'adultère de l'autre époux: « Vous renvoyez votre épouse, dit St.-Ambroise sur St.-Luc, (lib. 8, n° 5 et 6), et vous pensez pouvoir le faire, parce que la loi humaine vous le permet; mais la loi divine le défend. Puisque vous obéissez aux lois des hommes, respectez celle de Dieu; écoutez la loi du Seigneur que doivent observer les législateurs eux-mêmes: homme, ne sépare pas ce que Dieu a uni! » et plus bas il ajoute: « Si votre conjoint se remarie, c'est un crime à vous de l'y avoir forcé, car ce que vous pensez être un mariage est un adultère. » St.-Jérôme écrivait dans le même sens au prêtre Amandus, qui le consultait pour une femme divorcée. Une femme mariée, disait-il, est liée par la loi du mariage tant que son mari est vivant; si donc elle épouse un autre homme, elle sera considérée comme adultère. » L'excommunication de l'église fut lancée contre l'époux qui avait divorcé sans prendre conseil de l'évêque, et ainsi la loi civile finit par se confondre avec la loi religieuse. Sous la deuxième race des rois de France, ce fait devint encore plus saillant, et Pepin le Bref agit évidemment sous l'influence ecclésiastique, quand il rendit un Capitulaire qui abolissait le divorce, excepté toutefois pour cause d'adultère (1). Dans un autre Capitulaire, il sembla revenir sur ses pas, et admettre une autre cause de divorce. « Si une femme, dit-il, prétend que son mari n'a jamais cohabité avec elle, *qu'ils aillent ensemble à la croix*, et si cela est constaté comme vrai, qu'ils se séparent, et que la

(1) « Similiter constituimus ut nullus laïcus homo Deo sacratam feminam ad mulierem habeat, nec suam parentem ; nec, marito vivente, suam mulierem alius accipiat, nec mulier, vivente suo viro, alium accipiat, quia maritus mulierem suam non debet dimittere, exceptâ causâ fornicationis deprehensâ. (744, IX, cap. *Suessionense*.)

femme fasse ce qu'elle voudra. » Ce Capitulaire est doublement curieux; d'abord en ce qu'il manifeste de la part de Pépin une tendance rétrograde, puis en ce sens, qu'il constate et confirme la procédure *du jugement de la croix.*

39. Charlemagne qui, au dire d'un grand nombre d'historiens, eut la gloire d'abolir le divorce dans ses états, ne fit donc que marcher dans la route que Pépin lui avait tracée. Les papes continuèrent aussi à soutenir la doctrine de l'indissolubilité du mariage, et la rigueur que déployèrent Adrien II et Innocent III, l'un à l'égard de l'empereur Lothaire, l'autre à l'égard de Philippe-Auguste, prouva au monde que l'Église ne reculait pas quand il s'agissait d'assurer le triomphe des idées évangéliques.

DROIT COUTUMIER.
ANCIENNE JURISPRUDENCE.

40. Avec Saint Louis la royauté s'élève, la féodalité déchoit; le génie et la vertu s'asseoient sur le trône. Alors le droit romain et le droit can on s'infiltrent dans les lois, et tendent à faire tomber en dissolution l'édifice barbare et féodal. Le droit s'humanise, et le divorce disparaît, même pour cause d'adultère. (Beaumanoir, chap. XVIII, § 6). Le divorce est remplacé par la séparation que les théologiens appellent *a thoro et mensá.* Il pot advenir, di^t Beaumanoir, que *un mariage est desseurés par sainte eglise quant au lit.....* si comme quant aucuns porcace le dessoivrement de sa femme parce qu'il la trouvée en péché de fornication. Neporquant ceste desseurance *n'est pas si fort* que s'il li plest à l'omme et à la femme, *qu'il ne se repuissent remetre ensanlle.* (Coutume de Beauveoisis, *loc. cit.*)

41. La théorie de la séparation de corps se trouve tout au long

dans Beaumanoir au chapitre LVII, intitulé des Mautalens entre époux. On y trouve la séparation pour adultère, sévices, injures graves, entretien d'une concubine dans la maison commune, crime du mari, absence du mari pendant 7 ans. Autrefois ce dernier cas donnait naissance au divorce ; mais, dit Beaumanoir, *por les périx qui y avinrent, si fu osté et fu confermé par sainte église que nule feme mariée, por nul lonc tans que ses maris de-mort, s'ele ne set certaines noveles de mort, ne se puist remarier, et s'éle remarie, tout li enfant de tel mariage sont bastart et avoltre tant soit que li premier mari ne reviegne jamès, ou qu'il muire après ce que se femme a pris un autre. Car puisque li mariage fut malves el commencement, il ne pot jamès être bons.* (Cout. de Beauvoisis, cap. LVII § 11.)

42. Au XIVe siècle les mêmes principes se trouvent consacrés dans la Somme rurale de Bouteillier. Nous y trouvons établie la séparation pour cause d'incrédulité ; mais si l'époux infidèle retourne à la foi sainte, le mariage est rétabli. La séparation pour cause d'adultère s'y trouve aussi constituée. La femme peut encore obtenir la séparation pour entretien d'une concubine *dans l'hostel où le mari repaire*. « Mais, dit Boutellier, sachez qu'il n'y chet divorce perpétuel » (Somme rurale, livre 2, titre 8).

43. Le grand coutumier remarque que la femme adultère ne perd son douaire que lorsque l'église a prononcé la sentence de séparation. L. II, chap. 33 (1). L'ancienne coutume de Bretagne est à la fois plus sévère et plus juste: la femme perdait son douaire, quand, au moment de la mort du mari, elle ne cohabitait pas avec lui ; à moins cependant que le mari n'eût refusé de la recevoir. Cependant, si elle était partie pour se livrer à l'inconduite, le mari pouvait refuser de la recevoir, et la femme n'en perdait pas moins son douaire. Les Institutes de Loysel ne font nulle part mention du divorce; mais c'est qu'il était aboli depuis longtemps. Puis d'ailleurs pouvait-il coexister avec cet adage? *les mariages se font au ciel et se consomment en la terre.* (Loysel, titre 2, § 104).

____

(1) *Sic* Cout. d'Anjou, 314. Loysel, Inst. coutum., I, 3, 39.

44. La réforme, substituant la liberté d'interprétation au dog--
me de l'autorité, prétendit trouver dans quelques paroles du
Christ de quoi justifier le divorce par cause d'adultère. Comme
certains pères, dont après tout, l'église avait rejeté la doctrine,
les réformateurs s'appuyèrent sur le *exceptâ fornicationis causâ*
du Discours sur la montagne, qui avait jeté autrefois quelque
doute dans les esprits. Mélanchton, dans ses Lieux communs de
théologie, titre *de connubio*, Théodore de Bèze, dans son traité
du divorce, Charles Dumoulin, au titre 2 du divorce, liv. 24, sou-
tinrent cette thèse avec vigueur et talent. La réforme fut habile en
rejetant le principe absolu de l'indissolubilité du mariage,
car elle faisait ainsi appel à la plus violente des passions humaines. Henri VIII, trouvant les docteurs de la confession d'Augs-
bourg plus complaisants que ceux de la confession romaine, ob-
tint d'eux, à l'endroit du mariage, une liberté dont il devait plus
tard abuser étrangement.

45. Les coutumes ne font nulle part mention du divorce, mais
seulement de la séparation *à thoro et mensâ.* Pothier, dont le nom
faisait autrefois et fait encore aujourd'hui autorité, examine si la
profession religieuse, l'adultère de la femme et la conversion
au catholicisme d'un époux marié à un infidèle, peuvent rompre
le lien conjugal, et il tranche ces trois questions négativement.
De son temps, la seule séparation de corps était connue. Il range
parmi les causes de séparation obtenues par la femme, les mauvais
traitements à elle infligés par son mari, les mauvais procédés
du mari envers sa femme, quoiqu'il n'y ait pas eu de coups donnés, et l'accusation d'un crime capital. Aucune maladie du mari
même contagieuse n'était pour la femme une cause de séparation. Il en était de même de l'adultère ou de la folie du mari.
Le mari pouvait obtenir la séparation pour cause d'adultère ;
mais lui seul pouvait intenter contre sa femme une pareille accusation ; le ministère public ne le pouvait, à moins qu'il n'y eût eu
scandale et prostitution publique, et surtout si le mari était
complice de pareils désordres. La femme qui était convaincue
d'adultère était, comme au temps de Justinien, jetée dans un
monastère, où son mari pouvait venir la visiter. Si au bout de

deux ans il ne l'avait pas reprise, elle était rasée et passait dans le couvent le reste de ses jours. Elle était en outre déchue de sa dot, douaire et conventions matrimoniales. La séparation d'habitation avait pour effet de dégager la femme de l'obligation de demeurer avec son mari et de lui rendre le devoir conjugal : de plus, la séparation d'habitation entraînait, comme aujourd'hui, la séparation de biens. (Pothier, contrat de mariage, partie VI. Chap. III.

DROIT REVOLUTIONNAIRE.

46. Le divorce, comme nous l'avons vu, n'existait pas avant la révolution française. La fusion du droit civil et du droit religieux avait imprimé au mariage le caractère divin de l'indissolubilité. Le prêtre était l'officier public dont la présence était requise pour légitimer l'union conjugale; et la bénédiction nuptiale était non seulement un accessoire nécessaire du mariage, mais elle en était l'élément principal et constitutif. Les législateurs de 91, imbus des théories nouvelles et préoccupés du sort des protestants qui depuis la révocation de l'édit de Nantes (1685) jusqu'à l'édit de Louis XVI (1788) n'avaient pas eu d'état civil, conçurent l'idée de construire leur monument législatif en dehors du terrain catholique. Novateurs hardis, ils déclarèrent que la loi ne considérait le mariage que comme un contrat civil, (titre 2, art. 7) laissant à leurs successeurs le soin de tirer les conséquences de ce principe. L'assemblée législative, s'empressa de justifier et même de dépasser l'attente de l'assemblée constituante. Sur la proposition d'Aubert Dubayet, la législative, à veille de faire place à la convention, le 20 septembre 1792, proclama le droit au divorce. Parmi les considérants du décret, le

principal et le plus sérieux est basé sur l'art. 7 du titre 2 de
la consitution de 91. Le divorce fut alors admis pour 7 causes:
1° pour consentement mutuel; 2° pour incompatibilité d'humeur;
3° pour condamnation d'un des époux à une peine afflictive ou
infamante; 4° pour excès sévices et injures graves; 5° pour abandon
du mari ou de la femme pendant deux ans au moins, 6° pour
absence de 2 ans après cinq ans passés sans nouvelles; 7° enfin
pour émigration; de plus, la loi de 92 abolissait la séparation de
corps.

CODE NAPOLÉON.

47. La commission chargée de travailler à la rédaction du
Code Napoléon trouvant le divorce établi, proposa de le maintenir. Elle n'admit même pas simultanément la séparation de
corps. Ce ne fut que sur les observations du Conseil d'Etat, que
la séparation fut rétablie. Portalis fut chargé du rapport. Le divorce lui répugnait, ainsi qu'à d'autres membres illustres du Conseil d'Etat; mais il dut subir la volonté absorbante du premier consul. Napoléon haïssait le divorce (1); car il sentait que c'était là
un principe dissolvant et fatal ; mais il fit tout céder à des vues
personnelles. Son union avait été jusqu'alors stérile, et il son-
geait à donner un héritier à son pouvoir. Il faut voir dans
les discussions du Conseil d'Etat combien luttèrent Malleville,
Portalis et Tronchet, pour restreindre la faculté de divorcer.
Dans les corps délibérants d'alors, il n'y eut que le tribun Carion-
Nisas qui osa combattre en face le projet de loi; les autres adversaires du divorce voulaient seulement qu'on imprimât une flétris-

(1) Locré, *Lég. civile* de la France, t. 1, p. 93.

hure à ceux qui usaient de ce remède. C'est pour cela qu'ils combattirent avec force le divorce pour incompatibilité d'humeur. Le premier consul, qui n'était pas habitué à la résistance, s'emporta et dit à Portalis : « Vous n'admettriez pas le divorce, si vous en étiez le maître ! — Si j'avais affaire à un peuple neuf, répondit Portalis, je ne l'admettrais pas (1).» —Enfin, l'incompatibilité d'humeur fut écartée, et le divorce fut admis pour quatre causes : 1° adultère de la femme dans tous les cas; du mari dans le cas d'entretien d'une concubine dans la maison commune ; 2° pour excès, sévices ou injures graves ; 3° condamnation de l'un des époux à une peine afflictive et infamante, ou simplement infamante ; 4° consentement mutuel. Le divorce ayant été aboli par la loi de 1816, ce sujet n'a plus aujourd'hui en droit français, qu'un intérêt purement historique.

DROIT ACTUEL.

48. Le 21 décembre 1815, M. de Bonald fit à la chambre des députés la proposition d'abolir le divorce. La proposition fut prise en considération, développée et examinée dans les bureaux. Le 19 février de l'année suivante, M. de Trinquelague fut chargé du rapport, et le 16 mars, la chambre des députés l'adopta. La sanction royale fut donnée le 8 mai 1816. Ne pouvant donner à ce sujet tout le développement qu'il comporte, je renvoie pour le détail de cette discussion au Moniteur de 1815 et de 1816, et au discours fort remarquable que M. de Bonald prononça à cette occasion. Son discours n'est, du reste, que le résumé d'une brochure restée célèbre (2). En 1832 et en 1848, quelques tentatives ont été faites pour le rétablissement

(1) Mémoires de Thibaudeau.
(2) Du divorce.

du divorce ; mais tous ces efforts ont été impuissants, et le bon sens de la nation a fait justice d'une législation dont on a pu constater pendant plus de vingt ans les déplorables résultats.

DROIT FRANÇAIS.

DE LA SÉPARATION DE CORPS.

49. La séparation de corps diffère du divorce, en ce qu'au lieu de dissoudre le mariage, elle ne fait qu'en relâcher les liens. Il est permis à la femme d'avoir une habitation séparée; mais le mariage n'en subsiste pas moins. La séparation de corps, qu'on appelait autrefois séparation d'habitation : *Separatio a thoro et mensâ*, fut substituée au divorce par l'église, qui fit passer dans la loi civile la doctrine de l'indissolubilité du mariage. Rayée de nos lois en 92, la séparation reparut dans le Code civil ; elle fut alors considérée comme l'appendice du titre du divorce, dont les articles l'expliquaient et la complétaient à la fois. Le divorce ayant été aboli par la loi de 1816, on s'est demandé s'il n'y aurait pas quelque chose à faire pour que le titre de la séparation ne restât pas défectueux et incomplet. C'est dans le but de réglémenter cette matière qu'un projet de loi fut adopté par la chambre des pairs, le 7 décembre 1816. Ce projet, présenté le 7 janvier 1815 à la chambre des députés, n'eut pas de suite, et on ne sait pourquoi il fut abandonné. On ne saurait trop le regretter, car il s'y trouvait des dispositions sages et il comblait d'importantes lacunes.

50. Puisque le projet voté par la chambre des pairs n'a pas été converti en loi, ce sera sur les six articles concernant la séparation, et sur les articles correspondants du titre du divorce, que roulera notre dissertation. L'ordonnance de 1816 a maintenu,

dans l'édition actuelle du Code Napoléon, tous les articles rela-
tifs au divorce, non-seulement afin de conserver l'ancienne disposition des matières ; mais afin qu'on y trouvât les articles qui
peuvent se rapporter à la séparation de corps.

CAUSES DE LA SÉPARATION DE CORPS.

51. Dans l'ancienne jurisprudence, quoiqu'il n'y eût pas de
loi bien formelle qui établît le droit en matière de séparation, les
cas étaient à peu près les mêmes que dans notre Code. La femme
pouvait demander la séparation à peu près pour les mêmes motifs; seulement les cas de séparation sont plus nombreux par
rapport au mari.

Aux termes des articles 306, 239, 230, 231 et 232 du Code
Napoléon, la séparation peut être demandée : 1° pour adultère ;
2° pour excès, sévices et injures graves; 3° pour condamnation
à une peine afflictive ou infamante, ou même simplement infamante.

52. En droit romain, l'adultère de la femme pouvait être dénoncé non-seulement par le mari et les membres de la famille ;
mais aussi par les tiers.(Loi 4, Digeste, *ad legem Juliam, de adulteris*). Constantin apporta de sages restrictions à ce droit (1). Il
ne permit qu'au père, aux frères et aux oncles de la femme
d'intenter une pareille accusation. Sous l'ancienne jurisprudence,
le mari seul pouvait agir. L'article 336 du Code pénal ne fait, à
cet égard, que consacrer notre vieux droit. L'époux offensé, en
intentant l'action d'adultère, n'est pas forcé de conclure à la séparation de corps; car la séparation de corps entraîne séparation de biens, et le mari peut avoir intérêt à ce que la femme
ne vienne pas retirer la dot ou prendre sa moitié dans la communauté.

53. Tout adultère de la femme est pour le mari une cause de
séparation. Le Code s'exprime à cet égard d'une manière absolue. Il ne faut donc point distinguer ; peu importe qu'il s'agisse

(1) « Extraneos autem procul arceri ab accusatione censemus. » Code,
l. 30, *ad legem Juliam de adulteris.*

d'une faute isolée ou de relations suivies. (Art. 229). L'adultère du mari n'est au contraire une cause de séparation de corps, que lorsqu'il a entretenu une concubine dans la maison commune. (230, Code Napoléon, 339, Code pénal). Aussi, tout adultère du mari commis en dehors de ces circonstances ne peut motiver une demande en séparation. Des faits isolés d'infidélité eussent-ils eu pour théâtre la maison commune, seraient également insuffisants. Il faut en pareille matière se renfermer dans les cas strictement prévus par la loi.

54. La séparation de corps peut-elle être accordée lors même que la concubine n'habite pas le même appartement que les époux, si elle est logée sous le même toit? Ce cas peut se présenter surtout dans les grandes villes, où plusieurs familles habitent dans la même maison des appartements séparés.

Ces appartements séparés constituent autant de résidences distinctes, et les personnes qui habitent ces maisons sont presque toujours étrangères les unes aux autres. Il faut donc décider que ce n'est pas cela que le Code entend par maison commune. Ce qu'il appelle maison commune, c'est le lieu où habitent les époux eux et leur famille. Or, qu'y a-t-il de commun, à Paris par exemple, entre ceux qui habitent le rez de chaussée et ceux qui habitent le cinquième? L'escalier seulement. Mais l'escalier n'est qu'un passage, qu'une espèce de rue où l'on ne s'arrête pas et qu'on traverse rapidement. Au contraire, si un homme habitait avec sa famille une maison et ses dépendances et qu'il entretînt sa concubine dans un pavillon au bout du jardin, dans ce cas la femme pourrait demander la séparation.

55. Peu importe à quel titre la concubine se trouve dans la maison commune ; dame de compagnie, institutrice, servante, elle n'en n'est pas moins la concubine du mari. Il faudrait décider de même *et à fortiori* si la concubine se trouvait dans la maison à titre de parente. Il importe peu de savoir par qui elle a été introduite dans la maison; il suffit que le mari l'y ait entretenue pour qu'il y ait lieu à séparation. Il n'est pas non plus nécessaire que la concubine ait été entretenue au domicile des époux : toute maison où ils établissent leur rési-

dence est la maison conjugale ; quand même la femme n'habite-rait pas avec le mari, il n'y en aurait pas moins cause de sépara-tion ; car en droit, la maison du mari est l'habitation de la femme, et elle est obligée d'y résider. D'ailleurs, l'art. 230 n'exige point que l'épouse se trouve dans la maison commune quand la con-cubine y est placée. L'art. 1ᵉʳ du projet de loi sur la séparation de corps adopté par la chambre des pairs offrait une rédaction différente. Il était ainsi conçu : « La femme pourra demander la séparation de corps pour cause d'adultère du mari, lorsqu'il aura entretenu sa concubine dans la maison commune, sa femme y résidant. » Mais nous ne devons pas nous appuyer sur ce pro-jet qui n'a jamais été converti en loi, et il faut décider que même pendant l'instance en séparation, la maison du mari doit être considérée comme la maison conjugale. Dans ce cas, ce n'est que provisoirement que la femme est obligée de se retirer dans un autre lieu ; elle a toujours le droit de retourner au domicile con-jugal, surtout si elle est demanderesse.

56. L'adultère du mari qui entretient une concubine, mais ailleurs que dans la maison commune, n'est pas suffisant pour faire prononcer la séparation.

Cependant si ce fait est accompagné de circonstances parti-culières, et qu'il y ait scandale, si le mari s'est montré en public aux yeux de sa femme dans le but de l'outrager, ce fait pourra constituer une injure grave qu'apprécieront les tribunaux. De même, si le mari transforme la maison conjugale en maison de débauche, quoiqu'il n'y ait pas entretenu de concubine, on pour-rait voir là une injure grave qui serait de nature à faire pronon-cer la séparation de corps.

57. Dans notre droit, les excès, sévices et injures graves sont une cause de séparation. On appelle excès les attentats qui met-tent la vie en danger, et injures graves les faits qui attaquent l'honneur ou qui sont inspirés par la haine ou le mépris. La no-velle CXVII permettait à l'un des époux de se pourvoir en di-vorce lorsque son conjoint avait attenté à ses jours (Chap. VIII et IX) ; mais le Chap. XIV refusait à la femme de demander la sé-paration pour simples sévices. La coutume de Beauvoisis per-

mettait aussi au mari de châtier sa femme dans certains cas :
« il loist bien à l'omme batre se feme sans mort et sans me-
« haing quand ele le meffet. » Elle s'exprimait ainsi au § 6 du
chap. LVII, et n'accordait d'action contre le mari que quand il y
avait eu *mort ou mehaing*, c'est-à-dire mutilation de membre.
L'ancienne jurisprudence française accordait la séparation à la
femme pour cause de mauvais traitements, et ne l'accordait pas
au mari.

58. Les sévices ou les mauvais traitements ont un caractère
plus ou moins grave suivant la condition des personnes ; très
souvent des faits qui n'auraient qu'une légère importance par
eux-mêmes deviennent plus graves à raison de l'éducation reçue
par les époux. Dans certains cas, au contraire, des voies de fait
ne suffiraient pas pour faire prononcer la séparation. Tout dé-
pendra de la position sociale et des habitudes des époux. C'est
aux juges à apprécier ces nuances délicates, et à dire si l'injure
est suffisante ou non pour motiver la séparation de corps. Il faudrait aussi distinguer entre des faits isolés provenant d'un moment de colère et ce qui est le résultat d'un calcul froid et mé-
chant.

59. Si un mari succombe dans une action en adultère qu'il intente contre sa femme, la femme pourra saisir les juges d'une
demande en séparation de corps.

60. Des lettres écrites par un mari à sa femme, et renfermant
des injures graves, peuvent-elles donner lieu à la séparation de
corps ? Je crois que dans ce cas, il est utile d'établir quelques dis-
tinctions. S'il s'agit d'une lettre isolée, écrite dans un moment
d'humeur, il me semble impossible de trouver là un motif sérieux de séparation. Je parle en général, car la question de fait
viendra presque toujours modifier la question de droit. S'il y a
eu une série de lettres injurieuses, on devra, je crois, décider
comme dans le cas d'injures verbales réitérées. Si c'est à un
tiers que la lettre a été adressée par le mari, il faudra examiner
l'intention de celui qui a écrit, et décider, suivant les circonstances. La production en justice de cette lettre comme moyen
de preuves, est-elle toujours possible ? Cette question a profon-

dément divisé les auteurs. Une première opinion soutient que toute lettre missive, est par son caractère même, confidentielle, et que personne autre que celui qui l'a reçue ne peut s'en faire un moyen de preuve. Une seconde opinion distingue entre les lettres confidentielles et celles qui n'ont pas ce caractère. Une troisième opinion admet la preuve, même quand la lettre a un caractère confidentiel. Je crois devoir me ranger à cet avis. Aucun texte, en effet, ne s'oppose à la production en justice d'une lettre missive. L'Assemblée Constituante, il est vrai, a déclaré le 10 août 1790, que le secret des lettres est inviolable, et qu'elle blâmait la conduite d'une municipalité qui avait ouvert un paquet destiné à un particulier. Mais, qu'on y songe bien ; l'Assemblée Constituante ne parlait que de lettres non arrivées à leur destination et qu'on voudrait décacheter. Si on pouvait ouvrir les lettres cachetées, personne n'oserait écrire, et la liberté des correspondances serait complétement anéantie. Au contraire, quand la lettre est parvenue à sa destination, toute personne peut exiger qu'elle soit produite, si cette lettre est de nature à lui fournir un titre. Mais, dit-on, une lettre est la propriété de celui qui l'a reçue ; elle appartient à lui seul ; donc, il peut en refuser la communication. Nous croyons que cette raison n'est que spécieuse ; et d'ailleurs, les Romains, nos maîtres en jurisprudence, ne pensaient pas de la sorte. La loi 22 au code *de fide instrumentorum* s'exprimait ainsi : « *Ceterum illi codices vel. instrumenta, proferre coguntur, qui et testimonium adversus aliquem dicere coguntur.*» Nos anciens auteurs se prononçaient aussi dans ce sens. On voit d'ailleurs quels seraient les inconvénients de l'opinion contraire, si un des époux pouvait s'abriter derrière le mot confidentiel et faire pleuvoir de là sur son conjoint une grêle d'outrages et de calomnies. (Despeisses, t. II, p. 530, n° 6. Merlin, Rép. t. XI, Rep. d'actes, n° 11. Massol, p. 42, n° 6. Demolombe, 394).

61. Une femme pouvait demander la séparation de corps contre son mari qui refusait de la recevoir dans le domicile conjugal ; de même si la femme refusait de cohabiter avec son mari, le mari pouvait intenter l'action.

62. Si le mari a désavoué avec succès un enfant né avant le 180ᵉ jour du mariage, pourra-t-il triompher dans sa demande en séparation? dans le système de la négative, on dit que l'enfant ayant été conçu avant le mariage n'est pas le fruit de l'adultère. Sans doute, il n'y a pas eu adultère; aussi n'est-ce pas l'adultère que le mari devra reprocher à la femme, mais bien une injure grave. La cause de l'injure a beau être antérieure au mariage, c'est pendant le mariage qu'elle se manifeste. L'outrage que ressent le mari n'est-il pas au dessus de celui qui résulte d'une insulte publique ou même d'une voie de fait? d'ailleurs, quand-il s'agit de sévices ou injures verbales, le mari peut ensevelir son humiliation dans le secret et le silence; mais le peut-il quand un étranger vient disputer à ses enfants ses affections et sa fortune? L'action en désaveu est alors inévitable, si le mari ne veut pas que le fils naturel de sa femme soit compté parmi ses enfants légitimes; et le désaveu une fois accueilli par les tribunaux, comment admettre que le mari puisse vivre en société avec sa femme?

63. Si un des époux catholiques refuse de procéder à la célébration religieuse du mariage, y aurait-il là une cause légitime de séparation? Quelques auteurs voient dans ce fait une cause de nullité de mariage. Je n'examinerai pas cette dernière question, qui sort de mon sujet, mais je crois qu'il y a dans ce fait une cause légitime de séparation. Si le refus vient du mari, comme cela arrivera presque toujours, quelle plus grave injure pourrait-il faire à son épouse? Quoi! voilà une femme chrétienne, animée de sentiments religieux, et on la livrerait brutalement et sans défense à l'homme qui ne veut pas que l'église bénisse son union! Pour le catholique, le mariage n'est rien sans la bénédiction nuptiale; cette femme, aux yeux de la religion, à ses propres yeux même, ne sera plus qu'une concubine, et ses enfants ne seront que des bâtards. Si la séparation de corps a sa raison d'être, c'est à coup sûr dans ce cas où la femme est outragée dans ce qu'elle a de plus saint, dans sa pudeur et ses croyances.

64. Le droit canon considérait le changement de religion d'un des époux catholiques comme un adultère spirituel, et prononçait dans ce cas la séparation *thoro et mensâ*. St-Thomas

s'exprime ainsi : *Sicut se habet vir in potestate dimittendi adulteram, vel commanendi cum ea ; ita se habet in potestate dimittendi infidelem, vel commanendi cum ea* (1). L'ancienne jurisprudence proposait la même doctrine jusqu'à ce que l'édit de Nantes fût venu accorder la liberté au culte protestant. Sous notre législation actuelle, il faut, je crois, se garder d'établir à cet égard un principe absolu. Cependant, je pense qu'il faudrait d'autres circonstances pour que la séparation de corps pût être prononcée.

65. Le refus du père de faire baptiser son enfant me paraît une injure grave faite à la femme. Sans doute la femme n'a pas le droit d'exiger que son mari reste fidèle aux convictions qu'il avait, ou du moins qu'il affichait avant le mariage; car les cultes sont libres, et nul ne peut violenter les consciences. Mais la femme se mariant à un catholique, a dû, pour ses enfants à naître, compter sur une éducation catholique. Le mari refusant de consentir à la cérémonie baptismale, trompe ses plus chères espérances. Il y a donc là une cause légitime de séparation. Il en serait de même si le mari empêchait la femme de remplir ses devoirs religieux.

66. La demande en nullité de mariage formée par l'un des époux contre l'autre ne constitue point une injure grave. Cependant si cette demande était accompagnée de faits injurieux, les tribunaux apprécieraient.

La troisième et dernière cause de séparation est pour l'un des époux la condamnation de l'autre à une peine afflictive et infamante ou même simplement infamante. (Article 232, 306). On peut dire, en effet, que l'époux coupable d'un fait que la loi frappe d'une telle peine, a manqué à tous ses devoirs envers son conjoint. Une solidarité d'honneur et de considération les unit ; il est donc impossible de forcer le conjoint honnête à vivre avec celui qui l'a déshonoré. Le texte dit, *la condamnation*. Une simple accusation ne suffirait donc pas. En vain même le ministère public aurait-il requis la peine, si elle n'est pas prononcée par le seul fait de l'admission de

(1) St-Thomas, supp. quest. § 9, art. 3, *in corp.*

circonstances atténuantes, il n'y a pas lieu à séparation. La grâce accordée par le chef du pouvoir exécutif ne ferait pas disparaître l'infamie, et par conséquent la cause de séparation ; il en serait autrement de la réhabilitation.

67. La condamnation ne doit plus être susceptible d'être réprimée par une voie légale. Il faudrait donc, si elle avait été prononcée par contumace, que le délai de vingt ans accordé au condamné pour se représenter, fût expiré. Mais la possibilité de la révision ne doit pas être considérée comme un motif de suspension.

La peine doit être afflictive ou infamante, ou même simplement infamante : une peine correctionnelle ne suffirait pas. Une peine perpétuelle emportant la mort civile, ne donnerait pas lieu à la séparation, mais entraînerait la dissolution du mariage.

69. Si la condamnation à une peine infamante avait été prononcée contre l'un des époux avant le mariage, que faudrait-il décider ? Le conjoint qui a eu connaissance de ce fait, n'est pas recevable à venir demander la séparation de corps pour cette cause. En effet, il n'a pas été trompé. Au contraire, celui qui ignorait la condamnation ne peut être forcé de passer sa vie avec une personne qui a été flétrie par la société. Mais, dit-on, il devait prendre ses renseignements d'une manière plus parfaite, puis d'ailleurs la cause de séparation est antérieure au mariage. Cette dernière proposition est-elle bien vraie ? Je ne le pense pas. La fraude de l'époux coupable n'a pas cessé un instant ; la position est plus grave que celle de l'époux qui a été condamné pendant le mariage à une peine infamante. Toutefois, il faudra que l'époux non coupable prouve qu'il n'a pu avoir connaissance de la condamnation (1).

70. Les causes de séparation étant énoncées dans le Code, les juges ne doivent point y suppléer d'office. Les maladies et les infirmités même contagieuses, ne peuvent être pour les deux con-

____

(1) Duranton, t. II, 566 ; Dalloz, Jurisprudence gén., t. II, p. 893 ; Massol, pages 53 et suivantes. *Secùs* Proudhon, t. I, p. 291 ; Toullier, t. II, n° 673 ; *Zachariæ*, t. III, p. 356.

joints une cause légitime de séparation. Il en est de même d'une
difformité survenue, fût-ce celle causée par un cancer au visage.
(Pothier, contrat de mariage). « Qu'y a-t-il de plus naturel, disait
Ulpien, que de voir le mari supporter les infirmités de sa femme,
et la femme supporter celles de son mari ? » Autrefois la lèpre ne
pouvait motiver une demande en séparation (1). Aujourd'hui le
mal vénérien ne pourrait pas, croyons-nous, servir de fondement à une demande en séparation de corps. Ce serait ouvrir la
porte à des enquêtes et à des débats scandaleux. La folie de l'un
des époux ne serait pas non plus suffisante pour motiver une
demande en séparation de la part de l'autre. L'absence, qui
dans la loi de 92, servait de motif au divorce, ne pourrait aujour-
d'hui donner lieu à la séparation de corps. Toutefois, si l'absence
constituait une espèce de désertion, si l'époux ne s'était éloigné
que pour éviter de vivre avec son conjoint, le délaissement pourrait occasionner une séparation. Mais il faut borner cette décision au cas où l'absence ne serait que simplement présumée. En
effet, dès qu'elle est déclarée, il n'y a plus de motifs pour prononcer la séparation de corps. La vie commune n'existant plus,
l'époux présent n'a pas besoin de se garantir contre les dangers
et les dégoûts qui pourraient en résulter. Si l'absent revient,
l'époux présent pourra alors exposer ses griefs.

71. Le consentement mutuel ne peut opérer la séparation, et
on comprend facilement pourquoi. Les époux auraient pu simu-
ler une séparation de corps pour changer leur régime matrimo-
nial et frustrer les créanciers qui n'ont pas le droit d'intervenir
dans une pareille action. Si les époux avaient fait dans leur
contrat de mariage la convention de vivre séparés, cette clause
serait considérée comme non avenue. De même la clause par laquelle les époux renonceraient à la séparation serait considérée
comme non écrite. Il n'est pas loisible aux époux de statuer à
l'avance sur un pareil sujet : la loi annule aussi les clauses pé-
nales dont les époux conviendraient en cas de séparation ; car
il ne faut pas que l'un d'eux soit intéressé à mettre en relief la

______

(1) Cette décision était conforme au droit canon. Voyez le chapitre Ier
des Extravagantes, *De Conjugibus leprosis*.

mauvaise conduite de l'autre. Toute convention à cet égard serait nulle comme contraire aux bonnes mœurs (1131).

DES FINS DE NON RECEVOIR.

72. Les art. 272 et 274 admettaient la réconciliation comme une fin de non recevoir à l'action en divorce : il'y a même motif pour l'appliquer à la séparation. Quand même ce principe ne serait pas inscrit dans la loi, l'équité et le sens-commun n'en commanderaient pas moins l'observation. Les époux sont toujours libres de renoncer à leur haine, et de vivre en bonne intelligence. Leur désistement sera toujours accueilli avec empressement par les tribunaux.

Les art. 272, 273 et 274 du code ne parlent que de la réconciliation; ce qui suppose des faits commis et pardonnés. Faut-il appliquer cet article à la demande en séparation pour condamnation à une peine infamante? Des auteurs graves ont soutenu la négative en s'appuyant sur la lettre de la loi. Il n'y a, ont-ils dit, dans ce dernier cas, aucune formalité à remplir, et la séparation de corps est une conséquence légale de la condamnation. Mais peut-on, en réalité, empêcher un époux de ne pas user des droits que la loi lui accorde? Ne doit-on pas lui permettre de pardonner à son conjoint? Ce serait, je crois, une étrange anomalie que d'interdire à l'époux outragé la générosité et l'oubli.

73. A quels signes doit-on reconnaître la réconciliation? Question de fait plutôt que de droit. Cependant on peut poser quelques règles. Il faut que les causes de séparation aient été connues de l'époux innocent, à l'époque où est intervenue la réconciliation. Il faut que la réconciliation soit sérieuse, et qu'elle ait eu lieu avec connaissance de cause. Mais une fois la réconciliation intervenue, les tribunaux doivent y avoir égard. Ils ne peuvent passer outre, sous prétexte qu'elle a été de courte durée. Peu importe que les faits de séparation aient eu lieu avant ou après la demande en séparation.

74. La réconciliation peut être expresse ou tacite. C'est aux juges à apprécier les faits d'où peut résulter la présomption

de réconciliation. Le silence gardé d'abord par l'époux offensé, ne pourrait être considéré comme une remise de l'offense, si les mauvais traitements ou l'inconduite avaient continué. Toullier a voulu poser un délai au bout duquel l'époux serait censé avoir fait remise de l'offense, et il enseigne qu'il doit s'être écoulé un an depuis que l'époux offensé a commencé à garder le silence. Zachariæ admet seulement l'exception résultant de la prescription trentenaire. M. Massol adopte un troisième avis : « D'après les art. 637 et 638 d'instruction criminelle, dit-il, l'action publique et l'action civile provenant d'un délit de nature à être puni correctionnellement, se prescrit par trois années ; ainsi un époux ne pourra se plaindre de l'adultère de son conjoint une fois que le délai sera expiré. » Il est bien difficile de poser des règles fixes quand il s'agit d'une question de fait ; les tribunaux examineront. Le long silence de l'époux et le temps écoulé devront être pris en considération. (Demolombe, t. IV, n° 409). Si les époux ont demeuré ensemble, si surtout il y a eu grossesse, ce sont là des circonstances qui feront facilement admettre la fin de non-recevoir. Il en est de même de la rentrée de la femme dans le domicile conjugal, après l'autorisation qui lui a été accordée de se retirer dans une autre maison, à moins qu'elle n'ait fait ses réserves à cet égard. Si le mari avait refusé de recevoir la femme, la démarche de celle-ci serait considérée comme non avenue.

Aux termes de l'art. 269 du Code Napoléon, lorsque la femme demanderesse en divorce avait été autorisée par le tribunal à se retirer dans une autre maison, elle était tenue de justifier de sa résidence dans cette maison toutes les fois qu'elle en était requise. A défaut de cette justification, le mari pouvait faire déclarer la femme non recevable à continuer les poursuites. On se demande si cet article est applicable à la séparation de corps.

75. L'art. 878 du Code de procédure, qui autorise le président à désigner à la femme une maison où elle pourra se retirer, ne statue en aucune manière sur le cas où elle aurait cessé de résider dans cette maison. Un certain nombre d'auteurs partant de ce principe, qu'il ne faut pas étendre les pénalités, se sont pro-

noncés pour la négative. Mais on peut répondre que l'art. 878 serait sans aucune sanction si la femme pouvait abandonner la maison qui lui a été assignée. Puis, dans le cas de demande en séparation, le mari doit être d'autant plus soucieux de la conduite de sa femme, que la séparation relâche, mais ne brise pas complétement le lien du mariage. D'ailleurs, cette prétendue pénalité n'a rien de bien effrayant. Qu'on lise avec attention l'art. 269, on verra que la femme n'était pas nécessairement déclarée non recevable. Eh bien ! il en sera ainsi dans la demande en séparation. La femme ne sera privée de son droit, que si elle abandonne sans motif l'habitation qui lui a été désignée. Enfin, les causes de séparation étant les mêmes que les causes de divorce pour cause déterminée, les fins de non-recevoir doivent être les mêmes (1).

76. La demande en séparation peut-elle être repoussée par une fin de non-recevoir, résultant de la réciprocité des torts ? Il y a un premier cas où presque tous les auteurs s'entendent, c'est celui d'une condamnation à une peine infamante ; le texte même suppose que l'époux qui reproche une pareille condamnation à son conjoint, ne doit pas lui-même l'avoir encourue. (Voyez art. 232). On comprend qu'un époux ainsi flétri ne saurait se plaindre de l'infamie de son conjoint.

77. Mais que décider dans les autres cas ? Un époux qui a entretenu une concubine dans la maison commune n'est pas, suivant l'art. 336 du Code pénal, recevable à dénoncer sa femme pour cause d'adultère ; il ne pourrait donc pas dans cette circonstance, réclamer la séparation de corps. Il ne l'obtiendrait pas non plus si, après avoir été diffamé, il prodiguait des injures à son épouse. Il faut se pénétrer de cette pensée, que la séparation de corps n'est qu'un refuge ménagé au conjoint offensé. De quel œil les tribunaux doivent-ils voir un époux demander la séparation, pour des injures qu'il a lui-même provoquées (1) ?

(1) Valette sur Proudhon, t, i, p. 537, note *a* ; Massol, p. 87.
(2) Duranton, t. ii, n° 574 ; Valette sur Proudhon, t. i, p. 532 ; Massol, p. 85 ; *secus* Demolombe, n° 415.

78. Pour établir ainsi une espèce de compensation, il faut que les époux aient des reproches également graves à s'adresser. Si les torts d'un des conjoints ne pouvaient être compensés avec ceux de l'autre, il faudrait alors prononcer la séparation. Il faudrait toujours la prononcer si la vie de l'un des époux était menacée.

79. Si le mari a d'abord fait condamner sa femme pour adultère, il ne faut pas en conclure qu'il ait renoncé à faire prononcer la séparation. Il est impossible de voir dans ce fait un pardon ou un désistement ; il en est ainsi de la demande en séparation de biens ; la femme a pu vouloir aller d'abord au plus pressé.

80. C'est au défendeur qui oppose l'exception de réconciliation à fournir la preuve. La preuve sera faite selon les règles établies aux art. 274 et 251. Il faut même dire que l'aveu du demandeur devrait également faire rejeter son action. La réconciliation est favorable. Le serment décisoire et le serment supplétoire doivent également être admis. (Zachariæ, tom. 3, p. 362).

81. La preuve des faits de réconciliation qui n'a pas été proposée en première instance est-elle recevable en appel ? La cour d'Aix (arrêt du 21 décembre 1831) s'est prononcée pour la négative, parce que cette preuve tend à faire revivre en faveur de l'appelant un moyen de contre-enquête dont il a été déchu. Cette application de l'art. 356 du Code de procédure est fort contestable ; ce n'est pas là la preuve contraire dont il s'occupe, cette preuve destructive des faits même de l'enquête principale. La réconciliation est vue avec faveur, et la preuve en doit être accueillie même en appel. (Demolombe. tom. IV, p. 421. Zachariæ, tom. 111, p. 361. Massol, p. 111, n° 16).

82. La réconciliation fait disparaître la cause de séparation, soit avant, soit depuis la demande. Dans l'un et l'autre cas, dit l'art. 273, le demandeur sera déclaré non recevable dans son action : il pourra néanmoins en intenter une nouvelle pour cause survenue depuis la réconciliation, et alors faire usage des anciennes causes pour appuyer la nouvelle demande. Il n'est pas nécessaire que les faits nouveaux soient seuls de nature à faire prononcer la séparation. Aussi cette condition n'est-elle pas né-

cessaire ; les faits anciens et le pardon dont ils avaient été suivis peuvent donner aux faits nouveaux un tout autre caractère. Peu importe que les faits nouveaux soient de même nature que les faits déjà pardonnés. Les faits anciens pouvaient être produits à l'appui d'une nouvelle demande lors même qu'ils ne l'auraient pas été dans une première ; ils pouvaient même être reproduits, bien qu'ils eussent été rejetés tout d'abord.

QUI PEUT DEMANDER LA SÉPARATION DE CORPS.

83. Dans l'ancien droit, le mari ne pouvait pas demander la séparation pour sévices et injures graves. « Le cas auquel il intervient une séparation d'habitation sur la demande du mari, dit Pothier, la femme est déclarée atteinte et convaincue du crime d'adultère ». Il ne dit rien des mauvais traitements dont le mari aurait été victime. On supposait, dans l'ancienne jurisprudence, que le mari pouvait facilement s'en garantir. Les rédacteurs du Code Napoléon ont senti qu'il y avait là une lacune à combler; et ils ont compris qu'il fallait soustraire un mari souffrant ou infirme aux mauvais traitements de sa femme. Puis, d'ailleurs, les calomnies et les outrages ne sont-ils pas de nature à ulcérer le cœur du mari ? Les droits que lui confèrent la loi et la nature ne sont pas toujours suffisants pour le garantir de pareilles attaques. Il était donc important de lui accorder le droit de demander la séparation pour cause d'excès, sévices et injures graves.

84. Le droit de demander la séparation étant exclusivement attaché à la personne, les créanciers ne peuvent exercer à cet égard les droits de leur débiteur (1166). Nous n'en dirons pas autant du tuteur de l'époux interdit. Le tuteur, en effet, n'agit pas comme le créancier dans un intérêt purement personnel, purement pécuniaire; il agit dans l'intérêt exclusif de celui dont la garde lui est confiée. Le tuteur doit prendre soin de la personne du mineur, dit l'art. 450. Là il n'est pas question d'un mineur, mais d'un interdit, et en matière d'interdiction les droits du tuteur sont les mêmes qu'en matière de minorité (509). Le devoir du tuteur est donc de venir au secours du malheureux qui

lui est confié, et de le soustraire aux mauvais traitements et aux outrages de son conjoint. Dans le cas où le tuteur serait le conjoint lui-même, c'est au subrogé-tuteur qu'il appartiendrait d'intenter l'action. Que la demande soit intentée par le tuteur ou le subrogé-tuteur, l'autorisation du conseil de famille n'en est pas moins nécessaire. (175, 468, 510).

85. Le droit de demander la séparation s'éteint par le décès de l'un des époux. Mais ici une question se présente. Les héritiers de l'un des époux peuvent-ils continuer une action commencée par leur auteur? Dans l'ancienne jurisprudence, on permettait aux héritiers de poursuivre la plainte d'adultère qui avait été commencée par le mari. Dans notre droit, ils ne sauraient avoir une action de ce genre ; mais ne peuvent-ils point proposer l'adultère d'une manière indirecte, pour faire accueillir la demande que leur auteur avait intentée? L'article 317 leur accorde bien l'action en désaveu, et ils ont de cette manière le droit de prouver l'infidélité de la femme. L'article 325 leur permet aussi d'établir que l'enfant qui est déclaré appartenir à la femme, n'est pas le fils du mari. Mais dans ce cas là la loi s'est prononcée d'une manière formelle. Puis, comment les héritiers n'auraient-ils pas le droit de continuer un procès qu'ils avaient le droit de commencer? Mais aucun texte n'attribue aux héritiers l'action en séparation de corps. D'ailleurs il serait étrange qu'on pût faire prononcer la séparation quand elle est consommée en fait par la mort de l'un des époux. Mais, dit-on, la demande en séparation n'a pas seulement pour but de faire cesser la vie commune, elle tend à faire prononcer contre l'époux défendeur, la déchéance des avantages que son conjoint lui avait faits. Oui, mais le résultat est un effet tacite de la séparation, et la séparation, cause de la déchéance pécuniaire, ne pouvant être prononcée, l'effet ne saurait avoir lieu. Nous refusons *à fortiori* à l'époux demandeur, la faculté de la poursuivre contre les héritiers du défendeur. (Massol. p. 22 ; Marcadé, art. 307. n° 5 ; Demolombe, 429).

86. Les tribunaux français ne sont pas compétents pour connaître d'une question de séparation entre étrangers non autori-

sés à établir leur domicile en France ; car une demande en séparation doit être portée devant le tribunal du domicile commun. D'ailleurs, le statut personnel suivant l'étranger partout
où il se trouve, il convient que cette action soit jugée par les tribunaux de son pays. Bien plus, les tribunaux français devraient
se déclarer incompétents ; car il serait absurde qu'un jugement
français vînt modifier l'état civil d'un étranger. Puis, d'après
quelles lois jugerait le tribunal français? D'après les lois fran-
çaises? Mais les lois sur le statut personnel seraient violées. D'a-
près les lois étrangères? Mais alors on se verrait quelquefois forcé
d'admettre le divorce ou de prononcer la séparation pour des
causes regardées en France comme non suffisantes. Impossible
de sortir de ce dilemme. Il faudrait décider de la même manière
quand même les étrangers auraient été autorisés à établir leur
domicile en France. (Massol, p. 101. Demolombe. 432).

PROCÉDURE DE LA SÉPARATION DE CORPS.

87. La séparation de corps ne peut être régulièrement pour-
suivie qu'en justice, et l'article 307 décide qu'elle sera intentée,
instruite et jugée ainsi que toute autre action civile. Mais il faut
empêcher que cette demande ne soit faite inconsidérément; c'est
ce qui a fait admettre des formalités particulières.

88. L'instance en séparation de corps est essentiellement civile.
Les faits dont l'un des époux s'est rendu coupable, seraient-ils
de nature à donner lieu à une instance criminelle, les tribunaux
civils n'en seraient pas moins seuls compétents. L'article 234
exigeait que la demande en divorce fût débattue devant le tribunal civil ; les mêmes raisons se présentent pour faire appliquer
ces articles à la séparation de corps. D'ailleurs l'article 875 du
Code de procédure veut que l'époux demandeur présente
au président du tribunal de son domicile une requête contenant
sommairement les faits. L'article 3 du Code d'instruction criminelle, qui permet d'intenter l'action civile devant les juges

qui connaissent de l'action publique, consacre une règle qui souffre quelques exceptions ; aussi, l'article 326 du Code Napoléon nous apprend que les réclamations d'état sont exclusivement de la compétence des tribunaux civils. Il en est ainsi de la séparation de corps. D'ailleurs, le projet de loi adopté par la chambre des pairs levait à cet égard tous les doutes. L'article 4 déclarait que la demande ne pouvait être formée que devant les tribunaux civils. (Locré, Législation civile de la France, t. v, p. 594).

89. L'époux défendeur pourrait demander reconventionnellement la séparation de corps s'il était outragé pendant l'instance. Mais, dit-on, il faut qu'il remplisse les formalités voulues, et vienne écouter les représentations du président. On peut répondre qu'une demande reconventionnelle est une espèce de défense à l'action principale ; puis à quoi bon les époux comparaîtraient-ils devant le président ? La reconciliation est-elle présumable, quand l'action est déjà intentée, et que les deux époux à la fois demandent la séparation ? (Demolombe, 430, *contrà* Massol, p. 96, n° 3.)

90. Si les faits sur lesquels s'appuie le demandeur pour obtenir la séparation ont déjà de la part des tribunaux criminels donné lieu à une condamnation ou à un acquittement, quelle influence la sentence criminelle exercera-t-elle sur le jugement des tribunaux civils ? Je crois avec MM. Toullier et Massol que les faits peuvent donner lieu à un nouvel examen devant les tribunaux civils. Les jugements émanés de la juridiction criminelle ne lient que ceux qui ont été parties dans le procès. Le ministère public a bien été partie : mais il représente la société et ne s'occupe pas d'intérêts purement privés. L'art. 3 du code d'inst. criminelle ne prouve rien. Il dit seulement que l'action civile est suspendue jusqu'à ce que l'on ait statué sur l'action publique ; on prétendrait à tort que le texte veut dire que le jugement criminel fait loi en matière civile ; je vois seulement là une priorité donnée à l'action criminelle dans l'intérêt de la société. L'art. 235 du code Napoléon corrobore cette opinion. Il déclare qu'en cas de divorce l'action civile sera suspendue, et sera reprise ensuite

sans qu'on puisse inférer de l'arrêt de la cour d'assises aucune fin de non recevoir contre l'époux demandeur. De plus, l'art. 6 du projet de loi adopté par la chambre des pairs consacrait la doctrine que je viens d'exposer. (Locré, Lég. civile de la France p. 595.)

91. En principe général, la femme ne peut plaider qu'avec l'autorisation de son époux. En cas de divorce ou de séparation de corps, elle est dispensée de cette formalité: le législateur a cru que les intérêts des deux époux étaient suffisamment garantis par la procédure longue et compliquée de la séparation de corps. La femme mineure n'a besoin, comme la femme majeure, que de l'autorisation du président.

92. Le préliminaire de conciliation devant le président devient superflu quand la demande en séparation est formée devant le tuteur de l'interdit ou par le conseil de famille. On comprend facilement pourquoi: le tuteur n'est qu'un mandataire ; il excéderait de pouvoir en transigeant sur une question qui intéresse la tranquillité, et peut-être la vie de l'interdit. Hors ce cas et celui de séparation pour condamnation à une peine infamante et celui de demande reconventionnelle, essai en conciliation exigé.

Si le demandeur ne se présente pas devant le président, il semble ainsi renoncer à son projet, à moins qu'une force majeure ne l'en empêche. En cas de maladie, justifiée par le certificat de deux docteurs en médecine ou en chirurgie, ou de deux officiers de santé, le président devra, sur la requête du demandeur, se présenter chez lui (236). Si le défendeur ne comparait pas, il n'y a aucun moyen de l'y contraindre (239). Il est évident que l'essai en conciliation devant le président remplace le préliminaire de conciliation devant le juge de paix. Du reste, le président pourrait, s'il le jugeait convenable, exiger plusieurs comparutions. Il y a loin de là à un défaut d'autorisation. Cependant si le président renvoyait sans fin les parties, et qu'il y eût de sa part volonté évidente d'entraver l'instance, l'appel intenté par le demandeur ferait justice de cet abus. (Valette sur Proudhon, t. i. p. 326 ; cour d'appel de Pau, 18 janvier 1830).

93. Dans la requête qu'il expose au président, le demandeur énonce sommairement les faits qui servent de base à la demande. Ceux qui n'auraient pas été mentionnés pourraient toujours être invoqués plus tard, lors même qu'ils se rapporteraient à une époque antérieure à la demande. La requête du demandeur est suivie d'une ordonnance du président qui fixe le jour de la comparution. Une autre ordonnance expose que le président n'a pu concilier les parties et les renvoie à se pourvoir devant le tribunal. (Art. 875 de procédure et suivants.)

MESURES PROVISOIRES ET CONSERVATOIRES.

94. La séparation de corps, et à plus forte raison la demande en séparation, ne font pas cesser la puissance paternelle. Aussi la procédure une fois commencée, les enfants restent au mari. Mais l'art. 267, placé au titre du divorce, apporte une restriction à la puissance paternelle et s'applique également à la séparation de corps. Il s'exprime ainsi : « L'administration provisoire des enfants restera an mari demandeur en divorce, à moins qu'il n'en soit ordonné autrement par le tribunal, sur la demande, soit de la mère, soit de la famille ou du ministère public, pour le plus grand avantage des enfants. » On comprend facilement d'ailleurs, qu'il est des cas où il est impossible de laisser les enfants sous la garde du père. Le tribunal et non pas le président seul, jugera s'il est opportun d'enlever les enfants au père pour les confier à la mère.

L'article dit : *soit de la famille :* il résulte de là qu'un seul parent ne pourrait requérir l'application de l'art. 267. En parlant de la famille, le Code a entendu qu'il en fût délibéré en assemblée de famille sous la présidence du juge de paix. (Loi du 20 septembre 1792).

Les époux pourraient s'entendre pour confier provisoirement leurs enfants à une tierce personne; mais cet arrangement pourrait subir des modifications dans l'intérêt des enfants.

95. Si la mère n'avait pas de biens personnels, ce ne serait pas une raison pour ne pas lui confier l'administration des enfants. Dans ce cas le mari sera tenu de subvenir à leur entretien et de fournir une pension à la femme. Si c'est un tiers qui est chargé de la garde des enfants, il a le droit de diriger leur éducation ; mais le père et la mère ne perdent pas pour cela le droit de veiller sur eux. Ils sont donc admis à réclamer près du tribunal s'ils trouvent que la direction donnée est mauvaise ; mais ils ne peuvent pas entraver de leur propre autorité les discussions prises par celui qui a la garde des enfants. En tout cas, la détermination prise par le tribunal ne lie nullement les juges ; ils peuvent enlever le gouvernement des enfants à la personne qu'ils en avaient d'abord chargée : il suffit que l'intérêt des enfants l'exige.

96. Le tiers à qui la garde des enfants a été confiée, ne peut plus, une fois qu'il a accepté, revenir sur son acceptation. Il a donné son adhésion au jugement du tribunal qui le nommait gardien, il a dû le faire en connaissance de cause. Il a contracté un engagement sur lequel il ne peut revenir. Cependant si des faits ultérieurs venaient modifier sa position, et lui rendre la garde des enfants extrêmement difficile, il serait juste d'admettre ses réclamations. Il n'en serait pas ainsi du père gardien de ses propres enfants. Ce n'est que dans des cas très rares qu'on devra le décharger de ce fardeau.

97. L'art. 268 du Code Napoléon laissait au tribunal la faculté d'assigner à la femme demanderesse en divorce une maison où elle pût se retirer pendant l'instance. L'art. 878 du Code de procédure contient une disposition de ce genre, applicable à la séparation de corps. Seulement ce ne sera plus le tribunal tout entier qui statuera sur cette question, mais le président seul. Ce magistrat, après avoir vainement tenté de concilier les époux, autorisera la femme à procéder et à se retirer dans une maison qu'il indiquera d'office lorsque les époux n'auront fait aucune convention à cet égard. Mais les demandes en provision ne sont pas de la compétence du président : elles devront être portées devant le tribunal. La maison assignée à la femme ne devra pas être éloignée du domicile du mari ; elle devra être située dans l'arron-

dissement. Si cependant les parents ou le tuteur de la femme demeuraient loin de l'arrondissement, il n'y aurait pas d'inconvénient à ce qu'elle pût se retirer chez eux.

98. Les textes que nous venons de citer supposent toujours que le mari restera dans la maison commune, et que ce sera la femme qui sera autorisée à se retirer ailleurs. Mais le tribunal ne pourrait-il pas autoriser la femme à rester dans la maison conjugale, et, au contraire, ordonner que le mari fût tenu de l'abandonner provisoirement?

Les textes ne prévoient pas ce cas là. D'ailleurs, ne porterait-on pas ainsi une grave atteinte à la ·puissance maritale? Cependant je crois qu'il faut se prononcer pour l'affirmative. Si la femme était modiste ou lingère, si elle tenait le comptoir, dans l'intérêt du ménage et des enfants, on devrait la laisser dans la maison conjugale. En effet, dans tous les cas que nous venons d'énumérer, le mari ne pourrait la remplacer utilement, et l'absence de la femme serait peut-être une cause de ruine pour la maison de commerce qu'elle dirige. De même si la femme, victime des mauvais traitements du mari était trop faible pour être transportée, je crois que, malgré le silence de la loi, il faudrait éloigner le mari de l'habitation commune. Il est d'ailleurs permis de penser que la loi en parlant seulement de la femme n'a pas voulu enlever aux tribunaux leur pouvoir appréciateur, et qu'il a prévu le cas le plus ordinaire.

99. Il ne suffit pas d'avoir pourvu à la sûreté de la femme, il faut aussi lui donner des moyens d'exister et de subvenir aux frais nécessités par l'instance. Les demandes en provision seront donc portées à l'audience. Le président du tribunal pourra, de sa propre autorité, ordonner la délivrance des linges et hardes destinés à l'usage journalier de la femme.

100. Les tribunaux ne sont pas toujours forcés d'obtempérer à la demande en provision qui leur est faite par la femme ; ils ont à considérer quelle est la fortune dont elle a conservé la jouissance. Mais la femme n'est pas obligée de prouver que ses ressources sont insuffisantes : c'est au mari qu'incombe dans ce cas le fardeau de la preuve. Par conséquent, il devra faire cons-

tater que sa femme perçoit les revenus de certains biens. La demande en provision, quoique non formée en première instance, peut être portée en appel ; car il est possible que les ressources de la femme se trouvent seulement épuisées lorsque l'affaire est portée devant la Cour.

101. Pendant l'instance en séparation, le mari reste le chef de la communauté. Il était donc à craindre que mû par un sentiment de haine et de vengeance, il n'abusât de l'administration étendue qui lui est conférée, et ne compromît à l'avance la portion de la femme. Aussi, l'art. 270 accordait à la femme qui réclamait le divorce, le droit de faire apposer les scellés sur les effets mobiliers de la communauté. Cette disposition doit, croyons-nous, être appliquée à la séparation de corps. D'ailleurs, l'art. 809 du Code de procédure permet les actes conservatoires quand la demande en séparation de biens est formée. Pourquoi n'en serait-il pas ainsi en matière de séparation de corps ? Si la séparation de biens annonce que le mari compromet les intérêts de sa femme, la demande en séparation de corps indique la mésintelligence des époux, et il est à craindre que le mari, en consentant des aliénations frauduleuses, ne diminue la part de sa femme dans la communauté. (Duranton, t. II, n° 613. Zachariæ, t. III, p. 371. Demolombe, t. IV, n° 461. Massol, p. 160).

102. L'art. 271 doit aussi s'appliquer à la séparation de corps ; il est ainsi conçu : « Toute obligation contractée par le mari à la charge de la communauté, toute aliénation par lui faite des immeubles qui en dépendent, postérieurement à la date de l'ordonnance, dont il est fait mention en l'art. 238, sera déclarée nulle, s'il est prouvé d'ailleurs, qu'elle ait été faite ou contractée en fraude des droits de la femme. » On le voit, ce n'est que l'application du principe déposé dans l'art. 1167. Il faudra distinguer entre les tiers acquéreurs à titre gratuit et les acquéreurs à titre onéreux : les premiers pourront être attaqués, lors même qu'ils n'auraient pas été complices de la fraude du mari ; il en sera autrement des autres.

103. Les acquéreurs à titre onéreux seront-ils présumés de

mauvaise foi, par cela seul qu'ils auront connu la demande en séparation ?

M. Massol enseigne l'affirmative; mais cette opinion est la conséquence du principe admis par l'auteur, que les aliénations consenties par le mari depuis la demande sont nulles. M. Demolombe n'admet aucune de ces opinions. Nous croyons, comme lui, que la connaissance de la demande en séparation sera une forte présomption de fraude ; mais ce sera une question de fait laissée à l'appréciation des tribunaux.

104. Le mari reste toujours pendant l'instance chef et administrateur de la communauté, sauf les restrictions résultant des mesures conservatoires que la femme sera autorisée à employer. En effet, il faut bien que la communauté soit administrée ; et par qui le sera-t-elle, sinon par le mari son chef? Sans doute, on doit déjouer la fraude ; mais si les actes ont été faits suivant les formalités voulues, ils seront inattaquables. Mais *quid* des aliénations des biens de la communauté ? Est-il bien prudent de permettre au mari d'aliéner le mobilier à titre onéreux et même gratuit, de faire des emprunts, de délivrer des quittances et d'aliéner les immeubles ? Evidemment, la femme courra souvent le risque d'être privée de tous ses droits dans la communauté ; mais la loi est formelle. Elle laisse au mari pendant l'instance en séparation, comme elle lui laissait pendant l'instance en divorce, l'administration de la communauté. La preuve en résulte soit de l'art. 270, soit de l'art. 271, qui permet d'attaquer les aliénations frauduleuses. Le mari a donc le droit d'obliger la communauté et d'aliéner les biens qui la composent, quand il n'y a pas fraude de sa part. Le mari toutefois ne peut pas aliéner le mobilier quand les scellés et l'inventaire ont eu lieu. Dans ce cas, le mari doit, comme tout gardien judiciaire (1962), représenter le mobilier en nature, sauf les droits des acquéreurs de bonne foi.

105. Il y a certainement de grands inconvénients à permettre au mari de contracter des obligations et d'aliéner des immeubles ; mais ces inconvénients existent aussi pour les meubles, malgré les scellés et l'inventaire. En effet, le mari peut toujours

le dissiper, et le revenu de la femme sur ses biens sera illusoire s'il devient insolvable.

Aussi, quelques auteurs, jugeant ces formalités insuffisantes, enseignent que la femme peut s'adresser à la justice pour obtenir d'autres mesures conservatoires, pour demander, par exemple, le dépôt à la caisse des consignations du numéraire de la communauté, ou le sequestre des meubles et des immeubles. Je suis de cet avis ; il faut avant tout prévenir la ruine de la femme. Il ne faut pas que le mari par vengeance puisse dissiper les capitaux, abattre les bois de la femme, sans que celle-ci puisse s'y opposer. D'ailleurs, l'art. 809 du Code de procédure autorise, dans les termes les plus généraux, les actes conservatoires pendant l'instance en séparation de biens. Or, on sait que la séparation de corps entraine la séparation de biens. Sans vouloir assimiler la séparation de biens principale et la séparation de biens qui résulte du jugement de séparation de corps, il est permis de croire que les biens de la femme courent d'aussi grands risques, et même de plus grands dans le dernier cas que dans le premier. En effet, dans l'instance en séparation de corps, le mari, animé des plus mauvais sentiments à l'égard de sa femme, ne sera que plus disposé aux fraudes et aux dilapidations. D'ailleurs, on trouve dans l'art. 809, l'application d'une règle de droit commun ; car le créancier peut toujours, même avant que la condition soit accomplie, exercer tous les actes conservatoires de son droit (1180).

106. Le mari ne pouvait-il pas dans certains cas recourir aux mesures conservatoires ordonnées à la femme ? Les textes ont prévu le cas le plus fréquent, celui où la femme aurait besoin de cette garantie ; la justice et le bon sens commandent de protéger également le mari. Le mari peut être souffrant, infirme et se trouver en butte aux mauvais traitements de sa femme ; le mari peut n'avoir pas de ressources personnelles ; il pourra donc demander que la femme soit tenue de résider ailleurs pendant le procès. S'il n'a pas de ressource, il pourra demander une provision. (878 Procédure) ; enfin il pourrait requérir l'appositon des scellés sur les effets mobiliers dont la femme se trouverait en possession dans

, un appartement séparé, et demander l'inventaire au moins des-
criptif des marchandises qui composent son commerce.

107. L'art. 270 se sert du mot *requérir*. Quelle est la portée de
cette expression ? Je crois que le mari et la femme peuvent faire
apposer les scellés sans être forcés de demander l'autorisation à
la justice ; le mot requérir me paraît d'autant plus avoir cette si-
gnification que l'urgence de cette mesure ne doit souffrir aucun
retard (Delvincourt, t. 1, page 85. Massol, p. 163, n° 14. Demolombe, 470. Vazeille, t. ii, 573. *Contrà* Toullier, t. xiii, n° 61.
De Belleyme, t. 1, p. 65).

INSTRUCTION.

108. La séparation doit être instruite dans les formes établies·
pour les autres demandes. (Art. 307, Code Napoléon. 879 Proc.).
Les juges pourraient, de prime abord, et sans instruction
aucune, rejeter la demande, si la cause qui lui sert de base n'est
pas de nature à entraîner séparation. De même, ils devraient
l'admettre de plain saut dans le cas d'une condamnation de l'un
des époux à une peine infamante, ou dans d'autres cas, où les
faits seraient juridiquement constatés. Dans les affaires ordinaires, lorsque le défendeur convient des faits qui lui sont impu-
tés, les faits sont tenus pour avérés sans qu'il soit besoin que la
preuve en soit ordonnée par le juge. Il en est autrement dans
la demande en séparation. L'aveu est un acquiescement et on
sait que la séparation de corps ne peut avoir lieu que pour causes
déterminées. La loi défend expressément la séparation de corps
par consentement mutuel . et il serait à craindre que l'aveu de
l'un des époux ne fût le résultat d'une collusion coupable. (Pothier, du Contrat de mariage, 519 ; Proudhon, t. i, p. 134 ; Duranton, t. vi, n° 602 ; Zachariæ, t. iii, p. 358 ; Demante, prog.,
t. i, n° 268 ; Massol, p. 114, n° 18 ; Demolombe, n° 474 ; Locré,
lég. civile, t. v, p. 280; *Contrà*.Toullier, t. ii, n° 759).

108. Nous en dirons autant du serment décisoire et même

supplétoire ; le serment étant une espèce de transaction entre les parties (1), et la loi voulant s'opposer à tout prix à la séparation de corps par consentement mutuel. Toutefois il ne faudrait pas en conclure qu'il n'y ait pas lieu à l'interrogatoire sur faits et articles. Autre chose est un aveu résultant de dénégations embarrassées et contradictoires ; autre chose est un véritable aveu. Du reste, les tribunaux apprécieront la nature des réponses. La notoriété publique n'est pas en droit un mode de preuve. Cependant ce sera souvent pour les magistrats un guide et un élément de conviction.

110. La vraie preuve en pareille matière, c'est la peuve testimoniale. L'article 307 du Code Napoléon, et l'article 879 du Code de procédure, règlent la manière dont l'enquête devra être faite. Elle sera faite dans les formes ordinaires ; toutefois l'art. 251 du Code Napoléon avait posé une exception à l'art. 283 du Code de procédure. « Les parents des parties, dit cet article, à l'exception de leurs enfants et descendants, ne sont pas responsables du chef de la parenté, non plus que les domestiques des époux en raison de cette qualité ; mais le tribunal aura tel égard que de raison aux dépositions des parents et domestiques. » Ce texte s'applique à la séparation de corps ; les motifs sont, en effet, les mêmes. Les parents et les domestiques sont les témoins les plus habituels de ces scènes d'intérieur. (Carré et Chauveau, n° 2983 ; Duranton, t. ii, n° 607 ; Massol, p. 116, n° 19 ; Demolombe, t. iv, n° 473).

L'article 251 est une exception à l'art 283 ; par conséquent, sauf les exceptions formulées au titre du divorce, les prohibitions de l'art. 283 demeurent. (Zachariæ, t. iii, p. 358 ; Duranton, t. ii, 607 ; Demolombe, t. 4, n° 479). Le président du tribunal ne pourra pas témoigner des faits qui ont eu lieu devant lui lors de la comparition des époux. Il joue là le rôle de conciliateur, et pour ainsi dire de confident ; il doit garder le secret sur les scènes qui ont pu se passer devant lui.

111. Après qu'un jugement a ordonné la preuve des faits

______

(1) Loi 2 ; Digeste, *De Jure jurando.*

énoncés dans la requête de l'époux demandeur, celui-ci peut-il encore articuler de nouveaux faits à l'appui de la demande ? La solution affirmative de cette question ne me paraît susceptible d'aucun doute quand le demandeur ne connaît pas les faits au moment de la production de sa requête, ou lorsqu'il n'en pouvait alors fournir la preuve. (Massol, p. 111, Zachariæ, t. iii, p. 306). L'époux demandeur en séparation peut même produire en appel de nouveaux faits à l'appui de l'action qu'il a intentée. (Journal du Palais, séparation de corps ; Demolombe, 482).

112. Dans la cause de séparation comme dans toute celles qui intéressent les personnes, le ministère public doit être entendu. (Art. 83, et 879 Procédure).

JUGEMENT.

113. Lorsque l'époux demandeur en séparation fournit la preuve des faits sur lesquels il base sa demande, les tribunaux peuvent-ils, avant de statuer, accorder aux époux un temps d'épreuve ? Les art. 259 et 260 autorisaient les juges à surseoir pendant une année à la prononciation du divorce, quand il avait pour fondement des excès, sévices et injures graves. Il n'est guère possible d'appliquer ces articles à la séparation. Sans doute il est peut-être regrettable que les tribunaux ne puissent retarder leur jugement ; mais l'art. 307 déclare que la demande en séparation de corps sera intentée, instruite et jugée de la même manière que toute autre action civile. Puis le divorce dissolvait le lien du mariage ; on ne devait donc le prononcer qu'après les plus grandes hésitations. Il en est autrement de la séparation de corps qui laisse toujours aux époux la faculté de revenir à la vie commune. Le jugement de séparation de corps, si grave qu'il soit, ne peut se comparer au jugement qui prononçait à jamais la dissolution du mariage.

114. Si le jugement est contradictoire ou par défaut, l'appel ou l'opposition devront être formés dans les délais ordinaires.

Si le défendeur fait défaut, les juges n'en devront examiner qu'avec plus de soin les preuves apportées par le demandeur ; car il ne faut pas qu'un pareil procès soit une comédie jouée par les époux et un moyen détourné d'arriver à la séparation par consentement mutuel. Si le défendeur laisse passer le délai de l'appel, il acquiesce ainsi tacitement à la demande qui prononce la séparation de corps. Faut-il conclure de là qu'il puisse acquiescer ou se désister expressément? Une fois le jugement intervenu, dit-on, on ne peut plus qualifier l'acquiescement de transaction. Les juges ont dû s'éclairer avant de prononcer la séparation de corps ; ils ne l'auront fait sans doute qu'en connaissance de cause ; d'ailleurs l'art. 307 demande que la séparation de corps soit jugée comme les affaires ordinaires ; il s'ensuit donc que le désistement lui est applicable.

115. Mais qu'on y songe bien; il s'agit ici d'une question d'état. Une convention, quelque nom qu'on lui donne, ne peut modifier le droit du défendeur. D'ailleurs, l'art. 307 prohibe d'une manière absolue la séparation de corps par consentement mutuel; mais il y a une différence entre laisser passer le délai de l'appel et renoncer d'avance à son droit. (Toullier, tom. 2, p. 698 et 760. Duranton, tom. II, n° 608. Merlin, Répert. Voy. appel, sect. 1re, § 1er, n° 11. Demolombe, 488).

Il n'en serait pas ainsi de l'acquiescement ou du désistement en appel du demandeur qui aurait succombé en première instance. La réconciliation est toujours favorable.

116. Les appels de jugement de séparation de corps doivent être jugés en audience ordinaire. Sous l'empire du décret du 30 mars 1808, cette question divisait la jurisprudence; mais une ordonance royale du 16 mai 1835 a tranché la question. On a voulu contester la légalité de cette ordonnance ; mais cela a toujours été sans succès. On peut se pourvoir en cassation contre le jugement qui prononce la séparation de corps; mais le pourvoi n'est pas suspensif comme en cas de divorce.

117. Pour que la séparation de biens résultant de la séparation de corps puisse être opposée aux créanciers antérieurs et postérieurs à la séparation, il faut que le jugement soit publié et

affiché dans les formes prescrites par les articles 872 et 880 du Code de procédure.

EFFETS DE LA SÉPARATION DE CORPS.

117. Toutes les fois que la séparation de corps est prononcée contre la femme pour cause d'adultère, elle est condamnée par le même jugement et sur la réquisition du ministère public à la réclusion dans une maison de correction pendant un temps déterminé qui ne pourra être moindre de trois mois ni excéder deux années. (Art. 308 Code Napoléon). Le mari peut arrêter l'effet de cette condamnation en consentant à reprendre sa femme, (Art. 309) et en considérant comme non avenu le jugement qui a prononcé la séparation de corps. La peine de la réclusion sera infligée à la femme quand même le mari déclarerait se contenter de la séparation de corps. La peine encourue par la femme est une conséquence du jugement.

Lorsque la séparation est prononcée contre le mari qui a entretenu une concubine dans la maison commune, il sera tenu de payer une amende qui peut s'élever de cent francs à deux mille francs. (339 du Code pénal). Le tribunal civil n'est point chargé de prononcer cette peine, et les tribunaux correctionnels sont seuls compétents en pareille matière. L'art. 308 du Code a permis aux juges civils de punir la femme adultère; aucun texte ne leur donne ce pouvoir à l'égard du mari.

118. Le principal effet de la séparation de corps est de permettre aux époux d'avoir une habitation séparée ; c'est une sorte de divorce, *quoad thorum et mensam*, suivant l'expression des anciens auteurs. La femme est donc libre de s'établir où elle voudra, fût-ce même en pays étranger. Toutefois si la garde des enfants lui était confiée, il ne faudrait pas qu'elle s'éloignât au point de rendre la surveillance impossible au père. Il y aura là une question de fait soumise à l'appréciation des tribunaux. Ajoutons que, non seulement il est permis à la femme d'avoir une résidence séparée, mais encore d'avoir un domicile distinct.

119. Cependant cette question a divisé les auteurs. Le domi-

cile, disent les partisans de la négative, n'étant établi que pour l'exercice des droits actifs et passifs, les personnes qui les exercent par le ministère d'un tiers doivent avoir le même domicile que lui ; ils invoquent aussi les termes généraux de l'art. 108, qui permettant au mineur émancipé de choisir son domicile, déclare que la femme mariée n'a pas d'autre domicile que celui de son mari. Il n'y a, disent-ils, aucune analogie entre le mineur émancipé et la femme séparée de corps en ce qui concerne le domicile ; car la femme est toujours soumise à la puissance maritale ; tandis qu'il est possible qu'un curateur n'ait été donné au mineur que dans un temps assez éloigné de l'émancipation. Sous l'ancien droit, ajoutent-ils, on décidait différemment parce que la séparation de corps était considérée comme définitive ; mais aujourd'hui son caractère est purement provisoire.

C'est ainsi que s'expriment Merlin et Zachariæ le premier dans son Répertoire de jurisprudence au mot domicile, le second au tome III p. 371 de son commentaire sur le code Napoléon ; mais ces raisons ne me paraissent que spécieuses. A quoi servirait la séparation de corps si la femme devait conserver son domicile chez son mari ? Les intérêts de la femme seraient-ils sauvegardés, si elle était assignée au domicile de son mari ? Comment pourrait-elle connaître les citations à elle adressées si son mari par malveillance et rancune, au lieu de les lui envoyer, les gardait par devers lui ? la séparation de corps ne serait donc pour la femme qu'un remède illusoire, si elle devait y trouver l'impossibilité de conduire ses affaires et de surveiller ses intérêts, on trouve que la position du mineur émancipé n'a rien de commun avec celle de la femme séparée, et qu'on ne peut tirer de là un argument d'analogie. Cependant si on permet au mineur émancipé de se choisir un domicile ailleurs que chez son curateur, à plus forte raison doit-on le permettre à la femme qui a plus à craindre la mauvaise volonté de son mari que le mineur émancipé celle de son curateur.

120. Mais ce n'est pas tout, il est faux de dire que la séparation de corps, considérée dans l'ancien droit comme définitive, n'a plus aujourd'hui qu'un caractère provisoire. Les rédacteurs du

code n'ont nulle part énoncé cette idée, et s'ils n'ont décrété que peu de dispositions à cet égard, c'est qu'ils ont pensé qu'on compléterait la matière au moyen de certains articles du titre du divorce et des traditions de l'ancien droit sur la séparation de corps. La séparation de corps est si peu considérée comme provisoire qu'un grand nombre de cours et d'auteurs décident que les donations entre époux sont révoquées de plein droit par suite de la séparation de corps. L'art. 1518, d'ailleurs, ne fait-il pas perdre le préciput à l'époux contre lequel la séparation de corps est prononcée? Si la séparation n'était que provisoire, l'art. 1518 serait-il aussi formel, et l'époux coupable perdrait-il définitivement son préciput? (Massol, p. 196.)

121. Du principe que le mariage n'est pas dissous vont découler certaines conséquences : les époux se doivent encore fidélité. L'adultère de la femme sera donc toujours réprimé. Il n'en sera pas de même de l'adultère du mari qui reste impuni s'il n'a pas entretenu de concubine dans la maison commune : or, après la séparation, de pareilles circonstances ne peuvent plus se produire.

122. Les époux se doivent toujours secours et assistance : le mariage n'est pas dissous ; l'art. 212 doit donc trouver son application.

Mais les époux se doivent-ils l'assistance personnelle ? M. Massol se prononce pour l'affirmative. MM. Demolombe et Zachariæ croient que les tribunaux pourraient ordonner à l'un des conjoints d'aller soigner son conjoint malade et infirme; mais ce serait en quelque sorte anéantir le jugement de séparation. Que ce soit un devoir pour un époux même séparé de corps d'aller soigner son conjoint dans ses maladies, rien de mieux; mais je ne vois là qu'une obligation de conscience, et rien de plus.

123. L'ancienne jurisprudence (arrêts des 9 mai 1693 et 1er décembre 1701) pensait que la présomption de paternité cessait avec la séparation de corps. On voyait dans la séparation d'habitation une espèce d'impossibilité morale aussi grave que l'impossibilité physique. On croyait que la maxime *pater is est quem justæ nuptiæ demonstrant*, reposait sur le fait de la cohabitation des époux, sur la 'communauté d'affec-

tions et d'intérêts qui devait les unir et sur la surveillance marital tale qui ne permet pas à la femme de s'éloigner de son époux : or, tout cela cesse avec la séparation de corps. Mais le code Napoléon a consacré une autre doctrine. Aux termes de l'art. 312, l'enfant conçu pendant le mariage a pour père le mari. Cette présomption légale n'admet de preuve contraire que dans deux cas exceptionnels : 1° dans le cas d'impossibilité physique résultant de l'éloignement ou de quelque accident ; 2° pour cause d'adultère de la femme, lorsque la naissance de l'enfant a été cachée au mari. La séparation de corps ne rentrant dans aucun de ces cas, la présomption légale demeure. Les art. 295, 296, 297, 298, supposent la dissolution du mariage, et ne paraissent pas devoir s'appliquer à la séparation de corps. Dans le cas de l'art. 298 on pourrait craindre qu'un des époux ne commît un adultère pour. faire prononcer le divorce et pour pouvoir épouser son complice. La séparation de corps ne dissolvant pas le mariage, l'art. 298 n'a plus aujourd'hui sa raison d'être.

124. La femme séparée de corps a encore besoin de l'autorisation de son mari pour les actes les plus importants. Si les articles 215 et 217 ne s'expliquent qu'à l'égard de la femme séparée de biens, c'est que sans doute à l'époque où ils furent rédigés, les rédacteurs du code ignoraient ce qui serait décidé par rapport à la séparation et au divorce. D'ailleurs, la séparation de corps n'enlève pas à la femme sa position de femme mariée : puis la séparation de corps entraîne la séparation de biens, donc il y a même raison de décider. (Duranton, t. ii, n° 623 et 624. Vazeille t. ii, n° 587. Zachariæ, t. iii, p. 374. Massol, p. 230, n° 20. Fouquet, Encyclopédie du droit. n° 12 ; Demolombe, t. iv, n° 119 et 504).

125. On sait que la prescription ne court point entre époux. (Art. 2253). La cour de Bruxelles, par arrêt du 13 octobre 1822, n'en a pas moins décidé que la prescription doit courir entre des époux séparés de corps. Cette jurisprudence est-elle bien normale et bien logique ? Nous ne le pensons pas. Les termes de l'art. 2253 sont absolus ; la loi ne fait aucune distinction à cet égard. Elle veut éviter même après la séparation de corps, les

procès fâcheux et les causes d'animosité qui entraîneraient tou-jours pour les époux et pour la société témoin de leurs divisions de tristes et funestes conséquences (Troplong, *de la prescription*, t. II, n° 742. Massol, p. 277, n° 40. Demolombe, n° 507).

Il s'est établi une longue discussion sur le point de savoir si l'art. 302 qui ordonne de confier les enfants à celui des époux qui obtenu le divorce est applicable à la séparation de corps.

Un certain nombre d'auteurs, parmi lesquels on peut citer M. Zachariæ et ses annotateurs, argumentent de l'art. 373 dont aucun texte n'est venu, disent-ils, restreindre la généralité. Ils enseignent : 1° que le père qui a obtenu la séparation de corps ne peut jamais être privé de la garde des enfants ; 2° que cette même garde peut être confiée au père contre lequel la sépara-tion a été prononcée lors même que la famille ou le ministère public n'en feraient pas la demande. D'ailleurs ces jurisconsultes enseignent que dans le cas où la séparation a été prononcée contre le père, les tribunanx peuvent lui enlever la garde de ses enfants. MM. Demante et Marcadé vont plus loin, et ils af-firment que l'autorité du père continue en principe, mais que les art. 302 et 303 accordent aux tribunaux le pouvoir de la modi-fier suivant les circonstances. Malgré ces graves autorités, je suis porté à suivre la doctrine opposée et à appliquer d'une ma-nière absolue l'art. 302 à la séparation de corps. D'abord per-sonne ne maintient complètement l'art. 373. Les auteurs que nous venons de citer l'entament tous tant soit peu, ce n'est donc qu'une question de plus ou de moins : ensuite il est faux de dire que le divorce détruisait la puissance parternelle. Les art. 148, 375, 377 sont là pour le prouver; d'ailleurs l'art. 267, qui permettait d'enlever au père même avant le jugement la garde de ses enfants est considéré par tous les auteurs comme applicable à la séparation de corps, et il me semble qu'il y a dans le cas qui nous occupe même raison de décider dans le même sens. (Toullier, t. I, 777. Duranton, t. II. 636 Massol, p. 319, De-molombe, 511).

126. Maintenant *quid* de l'art. 386 ? L'usufruit légal du père ou de la mère sur les biens de leurs enfants n'avait pas lieu au

profit de celui des père et mère contre qui le divorce avait été prononcé. Appliquerons-nous cette déchéance à l'époux contre lequel a été obtenue la séparation de corps? La négative me paraît devoir l'emporter, et voici pourquoi : l'art. 386 ne règle que le cas de divorce, et d'ailleurs les circonstances ne sont pas les mêmes. La séparation si préjudiciable aux enfants leur cause cependant bien moins de préjudice que le divorce; car le divorce permet aux époux de se remarier. D'ailleurs si le père est déchu de cette jouissance, à qui sera-t-elle accordée? à la mère; mais les textes s'y opposent. La mère, suivant l'art. 384, ne peut avoir l'usufruit légal après la mort du père; il faudrait donc rendre cette jouissance aux enfants. Mais l'art. 384 sera encore violé ; puis on constituerait ainsi aux enfants un déplorable titre d'acquisition en les intéressant aux divisions de leur père et mère. Enfin on attribuerait ainsi un effet perpétuel à la séparation de corps en éteignant un usufruit qui ne pourrait revivre par la réconciliation des époux.

127. Il faudrait aussi décider qu'après la mort de son mari, la femme contre qui la séparation de corps a été obtenue continuera à jouir de l'usufruit légal (Duranton, t. II, n° 634. Zachariæ, t. III, p. 372. Massol, p. 334.)

Le père, ayant l'usufruit légal, a par cela même le droit d'administrer les biens de ses enfants; il a même le droit d'administrer les biens dont il n'aurait pas la jouissance. Aucun texte ne lui en enlève l'administration.

128. La séparation de corps entraîne la séparation de biens. (Art. 311). Cette disposition se comprend facilement. Le contrat de mariage, en ce qui concerne les dépenses communes, n'a sa raison d'être qu'avec la cohabitation et l'association des deux époux: dès qu'ils tiennent chacun leur ménage à part, ils n'est plus besoin de subvenir aux frais nécessités par l'existence commune. La communauté est donc dissoute (art. 1441), et tous les biens dotaux sont restitués à la femme par le mari, quel que soit le régime adopté par les deux époux, exclusion de communauté ou régime dotal. (Art. 1531 et 1663). Cependant l'immeuble dotal, qui devient prescriptible, demeure inaliénable. (Art. 1554-1561).

Chacun des deux époux pouvant mener à l'avenir une existence séparée, la femme est dispensée de toute contribution pour une partie quelconque de ses revenus.

129. On sait que la séparation de biens prononcée en justice remonte, quant à ses effets, au jour de la demande. L'art. 1445 est d'ailleurs formel. Mais en est-il de même de la séparation de biens, qui n'est que la conséquence de la séparation de corps? Cette importante question a divisé les auteurs et la jurisprudence. Les auteurs qui soutiennent l'affirmative s'appuient sur ce que l'art. 1445 n'a fait aucune distinction à cet égard. D'ailleurs, disent-ils, dans les deux cas les motifs de rétroactivité sont les mêmes. Le demandeur qui triomphe doit être mis au même point que si dès l'abord le défendeur avait reconnu la légitimité de son droit. La résistance injuste de son adversaire ne saurait lui préjudicier. Cette règle est d'autant plus nécessaire qu'il faut rendre inutiles les chicanes et les arguties, au moyen desquelles l'époux défendeur s'efforce de prolonger le procès pour faire une coupe de bois ou recueillir une succession opulente. Il faut, ajoutent-ils, avoir égard à l'état d'hostilité où se trouvent les époux vis-à-vis l'un de l'autre, et ne pas favoriser les calculs de l'intérêt et de la vengeance. (Toullier et Duvergier, t. i, 778; Merlin, rép. de jurisprudence, t. xvi, séparation de corps, § 4, n° 4, Zachariæ, t. iii, p. 469 ; Massol, 203, n° 13).

130. Les partisans de la négative s'appuient sur l'inconséquence du système opposé qui veut bien admettre la rétroactivité, mais non à l'égard des tiers. Il est vrai que cette distinction a été faite même à l'égard de la séparation de biens prononcée principalement par certains tribunaux et certains jurisconsultes ; mais les termes absolus de l'art. 1445 y répugnent ouvertement. D'ailleurs, pourquoi la loi aurait-elle exigé la publicité de la demande si les tiers n'étaient pas intéressés à la connaître. On peut ajouter encore que la rétroactivité ne peut protéger efficacement la femme si elle ne produit pas son effet à l'égard des tiers. Au contraire, dans la séparation de biens qui résulte de la séparation de corps, la publicité de la demande n'est pas exigée. D'ailleurs, l'art. 271 exigeant la complicité de la part des tiers

dans les fraudes que le mari commet pendant l'instance, démon-
tre assez que, s'ils sont de bonne foi, on ne pourra attaquer ces
actes faits par le mari. En outre, l'art. 1445 est une dérogation
au droit commun, et il faut se garder de l'étendre. En effet, la
règle que le demandeur ne peut pas souffrir de la résistance du
défendeur ne s'applique qu'au cas où le défendeur peut acquiescer. Or, il ne le peut ni dans la séparation de biens, ni dans la
séparation de corps. L'article 1445 contient donc une exception
pour le cas de séparation de biens, et il faut la restreindre au
cas dont la loi s'occupe. Enfin, la séparation de biens a pour but
unique de mettre hors de péril la dot et les intérêts de la femme.
Il n'en est pas ainsi de la séparation de corps. Si la femme craint
que ces intérêts ne soient négligés par le mari défendeur, qu'elle
mette à exécution les mesures conservatoires à elle accordées,
ou bien qu'elle fasse cumulativement une demande en séparation de corps et une demande en séparation de biens. (Valette
sur Proudhon, t. ɪ, 241; Duranton, t. ɪɪ, 662; Demolombe,
t. vɪ, 514 et suivants.)

DÉCHÉANCES PÉCUNIAIRES.

131. Nous avons vu que l'époux contre lequel le divorce était
prononcé ne perdait pas la jouissance légale des biens de ses
enfants, et que par conséquent l'art. 386 ne s'appliquait pas à la
séparation de corps. Nous croyons pouvoir en dire autant de
l'art. 767. Il est ainsi conçu : « Lorsque le défunt ne laisse ni
parents au degré successible, ni enfants naturels, les biens de la
succession appartiennent au conjoint *non divorcé* qui lui survit. »
Le texte n'enlève le droit qu'au conjoint *divorcé*. Par conséquent,
l'époux contre lequel la séparation de corps aura été prononcée
ne sera point déchu du droit de succéder. Cela résulte d'ailleurs
des procès-verbaux du conseil d'État. Le conseil d'État avait
renvoyé le projet de loi à la section de législation, pour que l'article 707 assimilât l'époux séparé de corps à l'époux divorcé. Malgré ce renvoi, la rédaction primitive fut maintenue ; ce qui prouve
que le conseil d'État est revenu sur son opinion. D'ailleurs, l'art.
765 s'applique à tout conjoint divorcé, non-seulement au coupable

mais au non coupable. Que s'en suit-il donc? C'est que ce n'est pas une déchéance, une peine; mais une simple conséquence de la dissolution du mariage. (Chabot, art. 704, n° 4 ; Duranton, t. ii, 635; Vazeille, t. ii, n° 589 , Zachariæ, t. iii, p. 375 ; Massol, 313 ; Demolombe, 519).

132. L'art. 1518 assimile expressément la séparation de corps au divorce ; par conséquent, l'époux contre lequel la séparation a été obtenue perd son droit au préciput. Cette opinion est généralement admise ; mais une grande controverse s'élève au sujet des art. 299 et 300. La question de savoir s'ils s'appliquent à la séparation a donné lieu à de longs et de savants débats, et on compte à ce sujet jusqu'à quatre opinions différentes.

1er *Système.* Le premier système a été adopté par un grand nombre de cours et soutenu par Merlin, Grenier, Toullier, et par MM. Duranton, Demante, Coin de Lisle, Zachariæ, Aubry et Rau. Il affirme que les donations entre époux ne sont ni révoquées de plein droit en vertu de l'art. 299 ni révocables pour cause d'ingratitude en vertu de l'art. 955. Voici les raisons sur lesquelles il s'appuie :

Le Code, dans l'art. 299, prononce une peine contre l'époux coupable; mais rien ne dit que cette peine s'applique en matière de séparation de corps. Les pénalités sont de droit étroit; il ne faut pas les étendre ; il n'y a plus d'ailleurs les mêmes motifs. Dans le divorce, les époux sont à jamais séparés ; dans la séparation de corps, au contraire, on doit toujours prévoir la réconciliation. Quand le législateur a voulu étendre des pénalités de ce genre, il n'a pas craint de le dire, et même de le répéter. A-t-il jugé l'art. 298 suffisant pour faire prononcer la peine de la réclusion contre la femme adultère et divorcée? Non, car il l'a fait suivre de l'art. 308 qui étend cette disposition pénale à la séparation de corps. Il y a à la vérité beaucoup d'articles du divorce qu'on applique à la séparation ; mais ces articles ne contiennent en général que des mesures d'administration, et non pas des peines exorbitantes. Un autre argument se présente encore, et il est très grave. L'époux qui a obtenu le divorce pouvait craindre que son conjoint ne se remariât, et que ses dons ne vinssent enrichir les enfants d'un second mariage. L'art. 299 était surtout la conséquence de la dissolution du mariage, comme l'art. 386, comme l'art. 767; or, il ne peut s'appliquer à la séparation, qui laisse subsister le lien conjugal. D'ailleurs, si les donations étaient révoquées, ce serait un obstacle à la réconciliation.

Non seulement les donations, dans cette première opinion, ne sont pas révoquées de plein droit, mais elles ne sont pas même révocables. Dans l'ancienne jurisprudence, la femme pouvait révoquer les donations qu'elle avait faites à son mari par contrat de mariage. Mais alors aucune loi n'exceptait les libéralités entre époux de la règle générale qui déclare les donations révocables pour cause d'ingratitude. Aujourd'hui, il n'en est plus ainsi, le Code Napoléon dans l'art. 959, a suivi d'autres principes. Cette disposition comprend toutes les donations faites en faveur du mariage. Les donations entre époux s'y trouvent donc virtuellement comprises. Si on avait besoin d'un texte pour appuyer cette dernière proposition, l'art. 960 pourrait être cité avec assurance. Ce premier système a été pendant trente années adopté par la Cour de Cassation.

2ᵉ *système*. Le deuxième système repousse également la révocation de plein droit ; mais il admet la révocabilité. Il s'appuie plutôt sur des considérations de raison et de morale, que sur des textes précis. Il est bien rare, en effet, qu'un époux ait tous-les torts ; souvent celui qui a succombé dans l'instance, n'aurait pas été coupable sans la provocation de son conjoint. C'est donc aux tribunaux à examiner les fautes, et à ne prononcer la révocation des avantages faits à l'un des époux, que s'il y a vraiment ingratitude.

3ᵉ *système*. Le troisième système applique à la séparation les art. 299 et 300, et affirme la révocation de plein droit. Il a été définitivement adopté par la Cour de Cassation, depuis le 23 mai 1823, et il est soutenu par d'éminents jurisconsultes.

4ᵉ *système*. Un quatrième système applique aussi à la séparation de corps les art. 399 et 300, et, en outre, il déclare que l'art. 955 est applicable aux donations entre époux, et que les donations révoquées de plein droit par la séparation de corps, sont, de plus, révocables pour cause d'ingratitude. C'est l'opinion à laquelle je crois devoir me ranger.

Le deuxième système rentre dans le premier, et le troisième n'étant qu'une partie du quatrième, je commencerai d'abord par établir les raisons qu'on peut opposer au premier.

Et d'abord, il n'est pas exact d'assimiler une peine corporelle à une déchéance comme celle dont nous parlons ici. L'art. 308 a reproduit, il est vrai, la doctrine de l'art. 298 ; mais là il s'agissait non d'une simple révocation, non d'une simple déchéance, mais d'une peine corporelle. Or, on sait qu'en matière vraiment pénale, il faut s'en tenir à la lettre, et ne point argumenter d'un cas à un autre. D'ailleurs, la faculté laissée au mari de reprendre sa femme (art. 309), pouvait nécessiter la reproduction de cette pénalité. Il n'est pas non plus très exact de dire qu'on ne doit appliquer à la séparation que les articles concernant les mesures provisoires. L'art. 1518 déclare que l'art. 299 est applicable à la séparation comme au divorce, et cependant il s'agit bien là d'une déchéance pécuniaire, et non d'une simple mesure conservatoire. De plus, si l'époux contre lequel la séparation de corps a été prononcée, perd ses droits au préciput, qui est plutôt une convention matrimoniale qu'une libéralité, ne doit-on pas *à fortiori* décider ainsi à l'égard d'une libéralité pure ?

Nous avons vu pourquoi les art. 386 et 767 ne sont pas applicables à la séparation de corps. Ces dispositions restrictives qui modifient le droit de la puissance paternelle et des successions, sont des conséquences, pour ainsi dire, forcées, de la dissolution du mariage. Il n'en est pas de même des art. 299 et 300. Je vois là bien plutôt une déchéance pécuniaire résultant des mauvais procédés de l'un des époux à l'égard de l'autre, qu'une conséquence de la dissolution du mariage.

Mais, dit-on, si on favorise la déchéance, on mettra ainsi obstacle à la réconciliation des époux. Je suis d'un avis tout opposé. Je crois, au contraire, que l'époux déchu de ses avantages, aura un motif de plus pour se réconcilier avec son conjoint. Il essaiera de reconquérir la libéralité et l'affection de l'époux donateur. Ce donateur sera disposé à rétablir sa libéralité, si son conjoint montre un repentir sincère, et le donataire regagnera ainsi ce qu'il a perdu. Dans ce système, la réconciliation sera donc plutôt favorisée qu'entravée.

Ce n'est pas tout, l'art. 310 est ainsi conçu : « Lorsque la séparation de corps prononcée pour tout autre cause que l'adultère de la femme, aura duré trois ans, l'époux, qui était originairement défendeur, pourra demander le divorce au tribunal, qui l'admettra, si le demandeur originaire présent ou dûment appelé, ne consent pas immédiatement à faire cesser la séparation. » Sait-on quelle serait la conséquence logique du système que je combats ? Si la séparation de corps ne révoquait pas les avantages faits à l'époux coupable, la révocation, avant l'abolition du divorce, aurait dû, en dernier lieu, être prononcée contre l'époux innocent. Est-ce vraiment admissible ? Aussi, a-t-on voulu tourner la difficulté. M. Dupin a été jusqu'à dire que l'art. 299 devait recevoir son application contre l'époux originairement défendeur. Mais c'est là faire la loi, et non l'interpréter. L'art. 299 est formel : « *Pour quelque cause que le divorce ait eu lieu*, hors le cas de consentement mutuel, *l'époux contre lequel le divorce aura été admis, perdra tous les avantages que l'autre époux lui avait faits*, soit par leur contrat de mariage, soit depuis le mariage contracté. » Comment ne pas reculer devant ces monstrueuses conséquences ?

Je soutiens, en outre, et c'est là ce qui distingue le quatrième système du troisième, que les donations, révoquées de plein droit par le jugement de séparation, sont encore révocables pour cause d'ingratitude. Mais à quoi bon ? a-t-on dit. C'est là une question subsidiaire, qui suppose qu'on a embrassé l'opinion négative à l'égard de l'art. 299; ou bien c'est un luxe de déchéances complétement inutile.

C'est à tort qu'on semble croire que la révocabilité pour cause d'ingratitude fait double emploi avec la révocation de plein droit. Sans doute, quand les libéralités auront été pleinement révoquées par la séparation de corps, on n'aura pas recours à la révocabilité ; mais il y a des cas où l'époux innocent n'aura que ce dernier moyen pour rentrer dans les biens donnés à un époux indigne.

En effet, l'époux peut être mort sans avoir connu la conduite de son conjoint, ou être mort peu de temps après en avoir eu connaissance, ou encore, il peut avoir été sa victime. Sans même aller si loin, on peut supposer que la séparation a été prononcée, et que l'époux coupable a encouru la déchéance prononcée par l'art. 299. Mais voilà que l'autre conjoint commet à son tour des actes indignes par rapport à celui qui avait été originairement coupable.

Si ces faits sont de ceux qui se trouvent mentionnés dans l'art. 955, maintiendrez-vous les donations faites à l'époux ingrat? Il n'est pas possible de permettre de demander contre lui la séparation de corps; car nous la supposons déjà obtenue par lui. Faut-il dire que l'époux qui a obtenu le jugement de séparation se trouve alors déchu des avantages à lui accordés par le jugement Le droit canon le décidait ainsi : mais cette doctrine n'était pas suivie en France. D'ailleurs, peut-on anéantir ainsi les effets d'un jugement?

On voit donc que la solution de cette question a son importance.

Toute la question roule sur ces mots de l'art. 959 : *Les donations en faveur de mariage* ne sont pas révocables pour cause d'ingratitude. Qu'entend-on par donation en faveur de mariage? Cela paraît bien simple au premier abord; mais la définition n'en est pas moins difficile. Certains auteurs enseignent que ces termes sont généraux et comprennent toutes les donations faites *propter nuptias*. D'autres, au contraire, et je suis disposé à me ranger de leur avis, affirment qu'il faut distinguer entre les donations faites en faveur du mariage et les donations faites à l'occasion du mariage.

Dans l'ancien droit, les donations entre époux n'étaient pas considérées comme faites en faveur du mariage. On regardait seulement comme donations faites en faveur du mariage les donations faites au mariage lui-même, c'est-à-dire aux deux époux et à leur famille, celles qui devaient augmenter l'aisance du ménage, et qui devaient profiter aux enfants. Les donations entre époux ne rentraient pas dans cette catégorie. Les anciens jurisconsultes ne les considéraient pas comme faites en faveur du mariage, mais seulement à l'occasion du mariage. Aussi Basnage, Despeisses, Rousseau de Lacombe, Valin et un grand nombre d'auteurs, qui considéraient comme irrévocables les donations faites en faveur du mariage, enseignaient cependant que les donations entre époux étaient révocables pour cause d'ingratitude.

Aujourd'hui on a les mêmes raisons de décider ainsi. Le Code Napoléon n'a point donné un autre sens au mot donation en faveur du mariage. Les art. 1082 et 1093 font parfaitement la différence, et si on applique l'art. 1088 aux donations en faveur du mariage ; c'est qu'il y a là une raison de justice et d'équité qu'il est impossible de ne pas prendre en considération.

On objecte l'art. 960 qui, établissant le principe de la révocation pour survenance d'enfants, comprend dans sa disposition toutes les donations, même celles qui auraient été faites en faveur du mariage par d'autres que par les ascendants aux conjoints ou par un des conjoints à l'autre. Ce dernier membre de phrase, dit-on, paraît signifier que les donations entre époux sont rangées au nombre des donations faites en faveur du mariage. Oui, sans doute ; mais il faut songer que l'art. 960 n'a pas été rédigé dans le but d'établir une disposition à ce sujet. L'importance de l'article est dans le principe général de la révocation pour survenance d'enfants et dans l'exception qui y a été déposée par les rédacteurs du Code. Comme ce texte ne se trouve pas placé au chapitre spécial des donations en faveur du mariage et des donations entre époux, les législateurs n'ont pas songé à trancher dans cet article la question qui nous occupe ; mais quand ils ont traité la matière en détail, on sait qu'ils ont manifesté leur volonté à cet égard, notamment dans les art. 1082 et 1093, et dans les chapitres VIII et IX, où ils ne confondent pas une seule fois ces deux genres de donations.

Nous pouvons donc conclure des raisons ci-dessus présentées, que les donations entre époux ne sont pas comprises dans les donations faites en faveur du mariage et sont, par conséquent, révocables pour cause d'ingratitude.

133. Les donations entre époux sont toujours révocables ; elles demeurent telles, bien qu'elles aient été faites par l'époux coupable. La séparation de corps ne peut changer la nature de ces libéralités. Il ne faut pas d'ailleurs que l'époux demandeur ait trop d'avantage à demander la séparation; mais l'époux qui a triomphé ne perd pas ces libéralités par le seul fait de la séparation, quoique son conjoint les perde, et que ces donations aient été stipulées réciproques; elles demeurent eulement révocables, à moins qu'elles n'aient été faites par contrat de mariage. (1395).

134. Parmi les avantages postérieurs au mariage qui se trouvent révoqués par la séparation de corps, la cour de cassation a décidé qu'il fallait aussi comprendre les libéralités testamentaires (5 décembre 1849); je m'incline devant l'autorité de la cour de cassation; mais cette décision me paraît dificile à concilier avec l'art. 1035, qui s'exprime ainsi: « Les testaments ne pourront être révoqués en tout ou en partie, *que par un testament postérieur ou par un acte devant notaire*, portant déclaration du changement de volonté.

DE LA CESSATION DE LA SÉPARATION DE CORPS.

135. La séparation n'a été obtenue que parce que les époux étaient animés de sentiments de haine à l'égard l'un de l'autre. Aussi, dès que ces sentiments viendront à disparaître, et que les époux consentiront à reprendre la vie commune, les effets du jugement de séparatiou viendront à cesser.

136. Il n'est pas nécessaire que la cessation de la séparation de corps soit publiée. A la chambre des pairs, lors de la discussion du projet de loi, on fit quelques réclamations à cet égard, et les réclamations avaient jusqu'à un certain point leur raison d'être dans l'art. 37 du projet qui faisait disparaître la présomption de paternité. Cependant, malgré l'art. 27, la chambre des pairs passa outre, et n'exigea point la publicité. On ne peut soutenir que la

publicité soit nécessaire à la cessation de la séparation de corps. On ne doit pas craindre que le défaut de publicité ne porte préjudice aux tiers, puisque l'art. 1451 déclare que la communauté ne sera rétablie que par un acte authentique; mais les époux pourront se réunir quand ils le voudront. Leur rapprochement est regardé par la loi d'un œil favorable. Mais il faut que les faits présentent un caractère non équivoque de réconciliation.

L'art. 37 du projet voté par la chambre des pairs permettait aux époux de faire cesser les effets de la séparation de corps, en déclarant leur volonté dans un acte authentique. Nous croyons qu'un acte son seing privé serait suffisant: il n'est même pas besoin d'acte. Le seul fait du rapprochement des époux constaté par la preuve testimoniale pourrait faire cesser les effets de la séparation.

138. Mais ici une question se présente : Le mutuel consentement des époux est-il nécessaire pour faire cesser la séparation? Je crois devoir adopter l'affirmative. On peut bien renoncer à une procédure commencée, mais on ne peut anéantir les effets d'un jugement qui constitue comme un contrat entre les parties. Le quasi-contrat judiciaire fait loi entre les époux, et la seule volonté de l'un ne peut faire que le jugement n'ait pas eu lieu. Mais, dit-on, l'art. 309 permet au mari qui a obtenu la séparation de reprendre sa femme. Oui, mais la loi, en disant que le mari est libre de reprendre sa femme, suppose le consentement de celle-ci. D'ailleurs, ce texte avait une toute autre portée, il fallait bien qu'un texte formel autorisât le mari a faire remise à sa femme d'une peine prononcée par la justice. Cette décision est, du reste, en harmonie avec les principes généraux. L'art. 1451 exige le consentement des deux parties pour rétablir la communauté détruite par la séparation de biens seulement.

139. Quand les formalités de l'art. 1451 n'ont pas été accomplies, la séparation valable entre les époux sera considérée par les tiers comme non avenue. Dans le cas de réhabilitation de l'époux qui a été condamné à une peine infamante, il n'y aurait pas lieu d'anéantir la séparation prononcée. La réhabilitation ne profite au condamné que pour l'avenir (633, code d'inst. criminelle). Il

n'en serait pas ainsi de la révision d'une condamnation déclarée injuste (447 — Code d'instruction criminelle).

140. Par la cessation de la séparation de corps, le mari recouvre la plénitude de l'autorité maritale et de l'autorité paternelle. Cependant si les tribunaux avaient confié les enfants à un tiers, ce tiers pourrait ne consentir à les livrer qu'autant que la justice l'y aurait autorisé.

141. L'article 1451 ne fait mention que de la communauté. Cependant il devrait servir de guide aux époux, sous quelque régime qu'ils fussent mariés. De plus, je crois qu'on devra accomplir les formalités exigées par notre article dans le cas même où la séparation de biens, simple résultat de la séparation de corps n'aurait pas été exécutée. L'article 1451 est général; d'ailleurs, il importe de sauvegarder les intérêts des tiers.

142. Les formalités de l'art. 1451 étant une fois accomplies, le contrat de mariage revit ainsi que les donations y contenues. Le simple fait de la réconciliation ne suffirait pas pour les faire revivre.

Quelques auteurs ont enseigné que de pareilles donations revivant avec le contrat de mariage, ne constituaient plus de véritables donations par contrat de mariage, mais de pures donations entre époux, et perdaient ainsi leur caractère d'irrévocabilité. Je ne saurais adopter cette opinion. Le contrat de mariage revit ; les libéralités en étant une partie intégrante, revivent avec lui et par lui, et doivent conserver leur caractère. Il n'est pas nécessaire, pour les faire renaître, d'accomplir les formalités exigées pour ces donations ; la volonté de revenir au contrat suffit. pourvu qu'on procède de la manière indiquée dans l'art. 1451. Peu importe que les époux soient majeurs ou non.

143. Lorsque le contrat de mariage est rétabli avec des conditions autres que les primitives, faudra-t-il annuler toutes les clauses de ce contrat ou seulement les nouvelles ? Quelques personnes voient dans le dernier alinéa de l'art. 1451, une disposition générale et absolue. Voici l'énoncé de la fin de cet article:

«Toute convention par laquelle les époux rétabliraient leur communauté sous des conditions différentes de celles qui la réglaient antérieurement est nulle. » Elles se fondent aussi sur ce que les époux n'ont voulu voir revivre qu'une communauté modifiée. Mais il est plus logique de considérer seulement comme nulles les clauses contraires au contrat de mariage primitif. Les époux se sont reconciliés, donc ils ne veulent plus de séparation de corps. Ils ont accompli les formalités de l'art. 1451; donc ils ne veulent plus de séparation de biens. Il est à présumer qu'il y a eu de leur part volonté de rétablir leur ancien contrat. Mais si les époux avaient déclaré qu'ils ne veulent rétablir la communauté qu'autant que les nouvelles clauses seraient observées, il faudrait déclarer l'acte nul. Du reste, les tribunaux apprécieront les faits.

144. Si après la reconciliation, d'autres faits se produisent, l'époux outragé sera forcé de se pourvoir devant les tribunaux, sauf à invoquer les anciennes injures, qui pourront donner aux nouvelles un caractère plus odieux.

145. Me voici arrivé à la fin de ma dissertation sur la séparation de corps. Je terminerai en regrettant que les chambres qui se sont succédé depuis trente ans n'aient pas continué l'œuvre de la chambre des pairs, et refondu ensemble les textes du divorcé et de la séparation de corps. Il est fâcheux, quand on possède un recueil de lois écrites, de ne pas savoir si telle disposition est abrogée ou si elle a encore une certaine force. Il est donc à désirer que le pouvoir législatif vienne trancher les doutes des interprètes, et donner de la fixité à des principes dont les tribunaux sont contraints de faire une application malheureusement trop fréquente.

www.ingramcontent.com/pod-product-compliance
Ingram Content Group UK Ltd.
Pitfield, Milton Keynes, MK11 3LW, UK
UKHW020025100726
13658UKWH00003B/1117